Hellmut Grösser: Tee für Wissensdurstige

Impressum

Hellmut Grösser:
Tee für Wissensdurstige

E. Albrecht Verlags-KG
Freihamer Straße 2
82166 Gräfelfing bei München

7. Auflage, 1993

Grafische Gestaltung:
Dieter u. Marlene Wünsch

ISBN 3-87014-003-8

Tee
für Wissensdurstige

Das Fachbuch vom Deutschen Teebüro

Hellmut Grösser

Ein unbeschnittener Teestrauch (Assam-Hybride)

Inhalt

		Seite
Vorwort		7
Alles was Recht ist:	Das ist Tee	9
Ein immergrüner Evergreen:	Der Teestrauch	12
Die große Verwandlung:	Aus grünem Blatt wird schwarzer Tee	18
Vom Blatt weg definiert:	Blattgrade und Sortierungen	30
Aromatisches à la carte:	Die Teesorten	34
Die Farb-Variante der Tee-Palette:	Grüner Tee	51
Vielfältig wachsender Teegenuß:	Anbaugebiete Erntezeiten	54
Musterhafte Tee-Tournee:	Muster, Verkostung, Verpackung, Auktion, Versand, Haltbarkeit, Tee-Mischungen	82
Reine Geschmackssache:	Aromatisierte Tees	91
Heiße Tips aus der Teeküche:	Die perfekte Zubereitung	95
Andere Länder, andere Sitten:	Tee-Genuß international	98
Dem Tee auf den Grund gegangen:	Wirkstoffe und Aroma	102
Statistiken		111
Stichwortverzeichnis		119

„Tee für Wissensdurstige" ist das einzige deutschsprachige Fachbuch über Tee. Das Geheimnis seines Erfolges (dies ist die siebte Auflage seit 1984) liegt darin, daß es die Materie in einer überaus verständlichen und unterhaltsamen Form präsentiert. Es ist daher beim Verbraucher ebenso gefragt, wie bei denjenigen, die sich aus beruflichen Gründen mit Tee beschäftigen.

Lesern dieses Buches, die noch weitere Fragen zum Thema Tee haben, steht das Deutsche Teebüro jederzeit mit Auskünften zur Verfügung.

Peter Fedder
Geschäftsführer

**Deutsches Teebüro
Gotenstraße 21
20097 Hamburg**

Tel. 040-23 60 16 34

Vorwort

Über Tee ist viel geschrieben worden. Aphorismen, Anekdoten und Anthologien, die mitunter zu sympathischen „Tee-ologien" geraten, Legenden, ungezählte Rezeptvarianten und viel Lesefreundliches rund um das – nach Wasser – meistgetrunkene Getränk unserer Welt. Seit der Chinese Han-Jü um das Jahr 800 n.Chr. das erste Buch vom Tee schrieb, ist die Reihe der Teebücher im Laufe der Jahrhunderte zu einer beachtlichen Bibliothek herangewachsen. Geschichte und Geschichten zum Tee scheinen unerschöpflich zu sein. Anders sieht es im Bereich der Fachpublizistik aus. Das letzte ausgesprochene Tee-Fachbuch ist hierzulande mit der Unterstützung des Deutschen Teebüros im Jahre 1956 erschienen; Otto F. Schleinkofer war der Autor. Nach fast 30 Jahren, in denen der Teeverbrauch in der Bundesrepublik Deutschland immerhin um das Zweieinhalbfache gestiegen ist, war es an der Zeit, nunmehr ein neues Sachbuch über schwarzen Tee zu erarbeiten. Aus der Praxis für die Praxis entstand

Das Fachbuch über den TEE.

Als Ergänzung zur umfangreichen Verbraucherliteratur füllt dieses Sachbuch nunmehr die Lücke in der Reihe der fundierten, zeitgerechten Fachpublikationen zum Thema Tee.

Jahrzehntelange Erfahrung und große Sachkenntnis sowie die Berücksichtigung neuester Erkenntnisse und Marktgepflogenheiten stekken im nunmehr vorliegenden neuen Standardwerk für Leser, die mit dem Genußmittel Tee zu tun haben. Tee-Fachleute, denen ich hiermit für die hervorragende Unterstützung danken möchte, haben es erarbeitet, jedem fachlich Interessierten soll es dienen.

Das Tee-Fachbuch soll alles Wissenswerte über den Tee vermitteln, es soll informieren, aufklären und der volkswirtschaftlichen Bedeutung des Tees gerecht werden:

- kein Haushalt, in dem nicht Tee getrunken wird
- kein Lebensmittelgeschäft, in dem nicht Tee angeboten wird
- kein Gastronomiebetrieb ohne Tee auf der Karte.

Eines der ältesten Getränke der Welt ist zugleich auch eines der modernsten, denn noch nie war der Tee bei uns so beliebt wie heute. Aus der Tatsache, daß vor allem die Jugend den Tee favorisiert, läßt sich schließen, daß Tee auch künftig zu den beliebtesten Getränken der Menschen zählen wird. In diesem Sinne soll das Buch auch behilflich sein, sich schon heute auf die Märkte von morgen einzustellen.

Hellmut Grösser

Alles was Recht ist: Das ist Tee

Wer genüßlich seine Tasse Tee mit aromatischem Inhalt zum Munde führt, hat meist anderes im Sinn, als über Paragraphen und Bestimmungen nachzudenken. Er könnte dennoch überrascht sein, wüßte er, wie

„Two leaves and a bud" – zwei junge Blätter und eine Blattknospe des Teestrauches ergeben nach den in den Ursprungsländern üblichen Produktionsverfahren TEE.

eindeutig die Rechtslage sein Leibgetränk definiert. So heißt es in den „Leitsätzen für Tee, teeähnliche Erzeugnisse, deren Extrakte und Zubereitungen" des Deutschen Lebensmittelbuches vom 28. März 1989: „Tee stammt ausschließlich aus Blättern, Blattknospen und zarten Stielen des Teestrauches (Camellia sinensis Linnaeus, O. Kuntze), die nach den üblichen Verfahren wie Welken, Rollen, Fermentieren, Zerkleinern, Trocknen bearbeitet wurden." Diese Bestimmung hat außer der rechtlichen Schutzfunktion für die Benutzung des Wortes „Tee" noch eine andere Bedeutung. Sie gibt auch einen Beurteilungsmaßstab für die Beschaffenheit echten Tees, wobei das Kriterium der ausschließlichen Verwendung von Blattknospen, Blättern und zarten Stielen maßgebend ist. Das Deutsche Lebensmittelbuch ist nämlich – so legt es das Lebensmittelgesetz fest – „eine Sammlung von Leitsätzen, in denen Herstellung, Beschaffenheit oder sonstige Merkmale von Lebensmitteln, die für die Verkehrsfähigkeit der Lebensmittel von Bedeutung sind, beschrieben werden." (§ 33 LMBG) Die Bestimmung im Deutschen Lebensmittelbuch entspricht übrigens der Definition der international akzeptierten ISO-Norm 3720. Diese lautet:

„Tee stammt nur und ausschließlich aus den Blättern, Knospen und zarten Trieben der Varietäten der species Camellia sinensis (Linnaeus) O. Kuntze, die nach anerkannten Herstellungsverfahren, vornehmlich Fermentation und Trocknung, hergestellt sind, und die dazu geeignet sind, Tee als Getränk zu konsumieren."

Diese im englischen Originaltext* genauso trockene Definition eines überaus flüssigen Themas läuft simplifiziert auf die Feststellung hinaus: Tee im eigentlichen Sinn ist nur der „echte schwarze Tee".

Also keinesfalls jeder aus

***Die englische Original-Definition lautet:**
„black tea: Tea derived solely and exclusively, and produced by acceptable processes, notably fermentation and drying, from the leaves, buds and tender stems of varieties of the species Camellia sinensis (Linnaeus) O. Kuntze known to be suitable for making tea for consumption as a beverage"

Kräutern oder anderen Ingredienzien zusammengebraute x-beliebige Aufguß, der leider nur allzu oft im deutschen Sprachraum so schmeichelhaft wie falsch als Tee bezeichnet wird.

Andere Länder sind da, wahrscheinlich schon im ureigenen Interesse, wesentlich genauer. So werden heiße Kräuter-Aufgußgetränke in England als „herbal infusions", in Frankreich als „infusions" deklariert. Eine kluge Maßnahme, die dem Verbraucher von vornherein signalisiert: Dies ist ein Getränk, das nicht das Geringste mit echtem schwarzen Tee zu tun hat – allenfalls die gleiche Zubereitungsweise durch Aufbrühen mit kochendem Wasser.

Derartige Maßnahmen, die tatsächliche Einmaligkeit des Tees rechtlich abzugrenzen, sind begrüßenswert. Tee – das ist im botanischen Sinne der Aufguß aus getrockneten und fermentierten Blättern des Teestrauches, eines in Buschform gezogenen, weißblühenden, immergrünen Kameliengewächses. Tee ist aber auch ein Stück Kulturgeschichte der Menschheit. 5000 Jahre führen die ältesten Überlieferungen zurück; in dieser Zeit, an den sagenumwobenen chinesischen Kaiserhöfen, liegen die Ursprünge der Teekultur. Europa dagegen mußte sich noch lange Zeit in Geduld üben, denn erst in den letzten Jahrhunderten fand das begehrte und bewährte Getränk seinen Weg zu uns.

Aus dem Fernen Osten stammt übrigens, wie könnte es anders sein, auch der Name: Das Wort „Tee" wird aus dem chinesischen (Amoy-Dialekt) „T'e" hergeleitet, das von den Holländern im 16. Jahrhundert nach Europa gebracht wurde.

Es sei also – nach gutem alten Autorenbrauch – gestattet, an dieser Stelle den weisen Ur-Chinesen herzlich zu danken: Ohne sie hätte dieses Fachbuch nie geschrieben werden können.

Ein immergrüner Evergreen: Der Teestrauch

Um mit dem Tee botanisch auf Du und Du zu kommen, müssen zunächst einmal seine Familienverhältnisse klargestellt sein: Tee ist den Kamelienarten verwandt und gehört zu den zahlreichen Linien der Pflanzenfamilie „Theaceae". Die Teepflanze ist eigentlich, ihrer natürlichen Anlage nach, ein Baumgewächs, mit weißen, zart ins Gelbliche spielenden Blüten und kleinen hartschaligen, haselnußartigen Früchten. Für die Wachstumsbeschränkung – Strauch statt Baum – sind wirtschaftliche Gründe bestimmend; die Pflanze wird durch regelmäßiges Stutzen zu einem etwa 1 Meter hohen Busch zurückgeschnitten. Dessen immergrüne, junge Triebe werden in zeitlich festgelegten Intervallen und nach einem ganz bestimmten Pflückmuster („two leaves and a bud", zwei Blätter und eine Knospe) geerntet und zu schwarzem Tee, Oolong oder grünem Tee verarbeitet.

Wie es sich für ein hochwertiges Naturprodukt gehört, ist der Teestrauch mit seinen dunklen, gezahnten, lederartigen Blättern nicht gerade bescheiden, was seine Anforderungen an die Umwelt angeht. Seine Lieblingsbedingungen, allgemein mit „Kamelienklima" um-

„Assam-Leaf" und „China-Leaf" zum Vergleich. Das Teeblatt des Thea assamica (oben) und des Thea sinensis (unten)

schrieben, sehen so aus: mittlere Jahrestemperaturen von mindestens 18°C, kein oder allenfalls seltener und mäßiger Frost, jährliche Niederschläge von mindestens 1600 l möglichst gleichmäßig über das Jahr verteilt, durchschnittliche Sonnenscheindauer von etwa vier Stunden täglich – und außerdem gut drainierte, durchlässige, saure Böden.

Natürlich nehmen bei der Behandlung der Tee-Familiengeschichte die Urahnen einen Ehrenplatz ein – und die beiden Ur-Teepflanzen sind dies:

Thea sinensis
(oder chinesischer Tee)
Diese Pflanze bleibt auch ohne Beschneiden strauchartig und wird höchstens 3 bis 4 Meter hoch. Sie eignet sich besonders für gemäßigte Zonen und verträgt sogar Frost.

Thea assamica
(oder Assam-Tee)
Diese Pflanze wächst, nicht zurückgeschnitten, zum stattlichen Baum von 15 bis 20 Meter Höhe. Sie braucht viel Wärme und ist ein reines Tropengewächs.

Um zu immer feineren, aromatischeren und vor allem widerstandsfähigeren Arten zu kommen, hat man die beiden Urpflanzen immer wieder gekreuzt. Die daraus hervorgegangene sogenannte Assam-Hybride hat sich als besonders vorteilhaft erwiesen und dient heute als Grundlage für fast alle Teekulturen der Welt.

Nun ist es aber ein Irrtum zu glauben, daß die geschmacklichen und qualitativen Unterschiede der diversen Teesorten nur in der Pflanze selbst begründet sind. Diese Merkmale werden in erster Linie bestimmt durch das Anbaugebiet (Klima, Bodenbeschaffenheit usw.) und selbstverständlich auch durch die Verarbeitungssorgfalt auf den jeweiligen Plantagen. Die Typenbezeichnungen übrigens sind heute derart simpel, daß sie sensible, feinste Geschmacksnuancen herauskostende Teeschmecker enttäuschen mögen. So heißt beispielsweise eine aus Ceylon stammende Pflanze, die man vor wenigen Jahren auf der bekannten Cibuni-Plantage in Java völlig neu gesetzt hat, schlicht und einfach TRIC

2025 – beschrieben als schnell wachsend, resistent gegen Pest und andere Teebaumkrankheiten.

Genauso nüchtern geht es auch bei der Vermehrung zu. Sie geschieht heute nicht mehr durch Samen, sondern durch „vegetative Vermehrung". Von ertragreichen Mutterpflanzen vermehrt man über Stecklinge, 2–4 cm lange Zweige mit einem Blatt und einem Auge, die von ausgesuchten Büschen und Bäumen abgenommen werden.

In einer „nursery", also in den fast auf allen Plantagen vorhandenen Baumschulen, werden die Stecklinge in speziellen Aufzuchtbeuteln mit guter Muttererde herangezogen. Erst schattig und sehr feucht gehalten, können die Stecklinge nach etwa 6 Monaten an die pralle Sonne gewöhnt werden; in dieser Zeit sind sie bereits gut gediehen und haben einige Zweige mit schönem Blattwerk entwik-

Stecklinge im Plastikbehälter fertig zum Aussetzen im Aufzuchtgarten

kelt. Je nach Höhenlage und der damit verbundenen Wuchsgeschwindigkeit werden die pflanzfertigen jungen Büsche nach 8 bis 18 Monaten auf vorbereitete Felder gepflanzt, und zwar in hangparallelen Reihen mit Abständen von 50 bis 100 cm von Busch zu Busch und 100 bis 150 cm von Reihe zu Reihe. Diese Pflanzart soll der drohenden Erosion durch tropische Regengüsse vorbeugen.

Etwa 35 bis 45 cm hoch ist der Mini-Strauch, wenn er in der Plantage ausgepflanzt wird; pro Hektar rechnet man mit 11 800 bis 13 200 Pflanzen, die schon während und selbstverständlich auch nach der in der Baumschule verbrachten Zeit regelmäßig mit natürlichem Kompost gedüngt werden.

Etwa 6 Monate nach dem Auspflanzen schließlich werden die jungen Teepflanzen erstmals gestutzt, eine Prozedur, die von der nach drei bis fünf Jahren erreichten Pflückreife an jetzt konstant wiederholt wird.

Zwei Gründe gibt es, die dieses regelmäßige Stutzen erforderlich machen: Erstens soll der Busch in der vegetativen Phase erhalten, also Blühen bzw. Fruchten verhindert werden – zweitens soll, wie bereits erwähnt, die Pflückober-

„Tea-Nursery" – Tee-Aufzuchtgarten mit Jungpflanzen

fläche für die (meist weiblichen) Pflücker in erreichbarer Höhe gehalten werden.

Doch dieser Arbeitsvorgang ist natürlich nicht alles, was zu einem guten, gleichmäßigen und nicht zuletzt ertragreichen Standard führt. Dazu bedarf es mehr – folgende fünf Faktoren sind von entscheidender Wichtigkeit:
1. Regelmäßiges Zurückschneiden der Büsche auf 60–65 cm nach ca. 4–5jährigem Wachstum.
2. Intensive Unkrautkontrolle.
3. Regelmäßige Pflege der Büsche zum Schutz gegen die wichtigsten Blatt- und Baumkrankheiten.
4. Regelmäßiges Düngen mit Kompost, anfangs im 2-Monats-Turnus, später zweimal bis dreimal pro Jahr.
5. Genaues, regelmäßiges Pflücken, um einen einheitlichen Blattstandard zu erzielen.

In Zahlen läßt sich der Gewinn aus all diesen Mühen so ausdrücken, selbstverständlich je nach Lage der Plantage:

1. Jahr	130 kg	genußfertiger schwarzer Tee je ha
2. Jahr	600 kg	genußfertiger schwarzer Tee je ha
3. Jahr	1500 kg	genußfertiger schwarzer Tee je ha
4. Jahr	3000 kg	genußfertiger schwarzer Tee je ha

Die große Verwandlung: Aus grünem Blatt wird schwarzer Tee

Im Gegensatz zum Kaffee, der als Rohprodukt ausgeführt wird und erst im Verbraucherland durch Verlesen und Rösten seinen Endzustand erreicht, wird Tee schon auf den Plantagen im Ursprungsland aufbereitet und als genußfertiger schwarzer Tee exportiert.

Bei dieser Aufbereitung unterscheidet man heute drei Produktionsarten:

1. Orthodoxe Teeproduktion, also die herkömmliche Methode, die jede gewünschte Art von Blattgraden liefert.
2. CTC-Produktion, ein verkürzter Produktionsprozeß, bei dem Wert auf ein einheitliches Blatt und einen schnell färbenden und kräftigen Aufguß gelegt wird.
3. LTP-Produktion, die Gewinnungsmethode mit dem (nach dem Erfinder benannten) Lawrie Tea Processer.

Die orthodoxe Teeproduktion

Die wichtigsten Phasen der orthodoxen Produktionsmethode sind: Welken – Rollen – Fermentieren – Trocknen – Sortieren. Diese Arbeitsvorgänge lassen sich folgendermaßen beschreiben:

a) Welken

Wenn das grüne Blattgut die Fabrik erreicht, wird zunächst noch einmal das Gewicht festgestellt und registriert. Der Welkprozeß beginnt, indem dem grünen Blatt ca. 30% der Feuchtigkeit entzogen wird, um es für das anschließende Rollen weich und geschmeidig zu machen. Während früher das Welken auf mit Jute, Draht oder (schon moderner) mit Nylon-Netzen bespannten Horden erfolgte, wird es heute in 25 bis 30 Meter langen Welktrögen durchgeführt, auf deren Drahtgitterbespannung das ausgebreitete grüne Blatt von riesigen Ventilatoren belüftet wird. Bei hohem Feuchtigkeitsgehalt kann die Luft auch erwärmt werden; auf manchen Plantagen läßt sich durch umschaltbare Ventilatoren die Richtung des Luftstroms in regelmäßigen Zeitabständen umkehren.

Die Erfahrungen, die

So sieht eine moderne Gebläse-Welk-Anlage aus.

man mit dieser Welkmethode in Trögen gemacht hat, sind gut; nicht zuletzt hat sich die Welkdauer (früher 14 bis 18 Stunden) auf 8 bis 12 Stunden verkürzt.

Häufig wird auch bei der hier geschilderten orthodoxen Tee-Produktion direkt nach dem Welken die Rotorvane-Maschine eingesetzt – eine Art „Reißwolf", der die Blätter für die orthodoxe Weiterbehandlung vorbereiten soll. Das Blattgut wird in einen messerbestückten Zylinder eingegeben, wo es unter leichtem Druck gleichmäßig zerquetscht und zerschnitten wird. Die freiwerdende Flüssigkeit wird der Blattmasse immer wieder zugefügt.

b) Rollen

Das Rollen der gewelkten grünen Blätter dient dazu, die Zellen aufzubrechen und den Zellsaft mit dem Sauerstoff der Luft in Verbindung zu bringen. Mit dem Rollbeginn setzt sowohl die Fermentation ein wie auch die Entwicklung der ätherischen Öle.

Das Rollen dauert jeweils 30 Minuten und wird abwech-

Nach dem Welken werden die Teeblätter auf der Roll-Maschine gerollt.

selnd unter Druck (durch Niederdrehen einer Preß-Spindel) und ohne Druck durchgeführt. Danach wird die Rollmaschine entleert und das bereits etwas saftfeuchte, dunkelgrün gefärbte, zusammengeklumpte Blatt zu einer mechanischen Rüttel-Sieb-Maschine, dem „Ballbreaker", gebracht.

Das hier ausgesiebte feinste Blatt wandert direkt zum Fermentieren – dies ist der sogenannte „1. Dhool". Das übrige Blatt geht für weitere 30 Minuten in die Rollmaschine, und die Aussiebung in der Grünblatt-Siebmaschine ergibt den zur Fermentation bestimmten „2. Dhool". Ein erneuter Rollvorgang von 30 Minuten bringt als Ergebnis den „3. Dhool" und das grobe Blatt, das später beschnitten wird.

Hier ist die anteilmäßige

Der Rotorvane dient zur weiteren Zerkleinerung des gerollten Tees.

Ausbeute einer erstklassigen Hochlandplantage:
1. Dhool = 50%
2. Dhool = 30%
3. Dhool = 15%
Großes Blatt = 5%

Ausschließlich beim Rollen (und eventuellen Zerkleinern in der Rotorvane-Maschine) – also nicht etwa beim Pflücken oder einem anderen Produktionsvorgang – werden die Grundsteine für das spätere Ergebnis der Blattgrade gelegt. Längeres Rollen bringt einen höheren Anteil an kleineren Graden (also BOPF, Fannings und Dust*), während kürzeres Rollen die Blätter weniger aufreißt und beschädigt – und damit das Quantum der Broken-, Pekoe- und Blattgrade bei der späteren Aussiebung erhöht.

Bei dieser Produktionsphase ist noch zu ergänzen, daß einige moderne Teefabriken im Anschluß an das Rollen und Grünblatt-Sieben auch die Rotorvane-Maschine einsetzen: Das grüne Blatt läuft auf einer langsam rotierenden Schnecke durch einen Zylinder, in den zur Beschleunigung der Oxydation (Fermentation) gleichzeitig Sauerstoff eingeblasen wird.

*(vgl. nächstes Kapitel)

Der gerollte Tee wird in den 1. bis 3. Dhool ausgesiebt.

c) Fermentieren

Die Fermentation ist ein Oxydations- und Gärungsprozeß des beim Rollen austretenden Zellsaftes. Dieser Prozeß, der schon beim Rollen einsetzt, dauert insgesamt 2 bis 3 Stunden, gerechnet bis Trocknungsbeginn im Tee-Trockner. Das vom „Ballbreaker" (bzw. von der CTC-Maschine) kommende grüne Blatt wird im Fermentationsraum auf dem Boden, in großen Wannen oder auf Tischen ca. 10 cm hoch ausgebreitet. In modernen Fabriken wird der Raum mit wasserversprühenden Ventilatoren befeuchtet. Während der Oxydation nimmt das Blatt eine kupferrote Verfärbung an – eine Farbe, die man beim Kannenaufguß im feuchten Teeblatt wiederfindet. Der Fermentationsmeister prüft ständig den Stand der Oxydation, wobei vor allem der Geruch des feuchten Blattes eine entscheidende Rolle spielt. Von der richtigen und sorgfältigen Fermentation bzw. Oxydation hängt die Qualität des fertigen Tees in hohem Maße ab.

Die Fermentation erfordert besondere Sorgfalt.

Augenfällig ist der Unterschied von frisch gerolltem und bereits fermentiertem Tee.

d) Trocknen

Wenn die Fermentation ihren Höhepunkt erreicht hat, angezeigt durch Geruch und kupferrote Farbe des feuchten Blattes, erfolgt das Trocknen; ein Vorgang, der fälschlicherweise oft als „Rösten" bezeichnet wird.

Eingesetzt werden mit Holz oder Heizöl beheizte Etagentrockner. In ihnen wird der Tee auf einem Metall-Laufband durch Heißluft getrocknet – bei einer Temperatur von 85 bis 88° C. Während der Trocknungsdauer, die 20 bis 22 Minuten beträgt, wird das Wasser entzogen und der Zellsaft an den Tee angetrocknet. Das beim Fermentationsvorgang kupferrot gefärbte Blatt wird langsam immer dunkler und trockener, bis der schwarze Tee entsteht. (Später, beim Aufgießen, wird übrigens der am Teeblatt eingedickte Saft durch kochendes Wasser wieder aufgelöst – und das aromatische Getränk präsentiert sich wieder in seiner ganzen kupferrot leuchtenden Schönheit.)

Nach dem Welken, Rollen und Fermentieren kommen die Teeblätter in die Trocknungsanlage.

e) Sieben/Sortieren

Wenn der schwarze Tee den Trockner verläßt, ist er immer noch nicht „fertig", sondern erst ein sogenannter Roh-Tee, der jetzt über Schüt-

Die verschiedenen „Größen"-Grade werden ausgesiebt.

telsiebe laufen muß und in die verschiedenen Blattgrade sortiert wird. **Ausschließlich in dieser Phase der Aufbereitung werden die Blattgrade gewonnen,** also aus der Masse ausgesiebt. Wobei anzumerken ist, daß die Blattgrade (grades) lediglich etwas über die Blattgröße der einzelnen Tees aussagen, nicht aber über deren Qualität.

Soweit über die wichtigsten Arbeitsvorgänge, die speziell die orthodoxe Produktionsmethode betreffen.

Die CTC-Methode

Nach dieser Methode wird heute bereits in Indien die Hälfte, in Kenia, Tansania und Malawi sogar der größte Teil der Teeproduktion verarbeitet.

CTC heißt:
1. **C**rushing = Zermalmen
2. **T**earing = Zerreißen
3. **C**urling = Rollen

Bei dieser Methode wird das grüne Blatt zunächst ebenfalls gewelkt. Danach wandert es in die CTC-Maschine, die das grüne Blattgut in einem Arbeitsgang zermalmt, zerreißt und rollt. Im Unterschied zum beschriebenen Roll- und Preßvorgang bei der orthodoxen Produktion wird bei der CTC-Produktion eine Maschine mit wabenartigen Metallrollen verwendet. Von dieser Maschinerie werden die luftgetrockneten, schlaffen grünen Blätter zerpreßt, zerschnitten und zerrissen, danach durch die rollenartigen Walzbewegungen wieder leicht gedreht. Das Blattgut wird also in einem Arbeitsgang regelrecht „zermanscht", mitgerissen von den gegeneinanderlaufenden Rollen und in dem kleinen Zwischenraum zerdrückt. Der freiwerdende Saft wird aufgefangen und den Blättern später wieder zugegeben.

Dieser CTC-Maschine steht häufig eine Rotorvane-Maschine vor, die das unterschiedlich große Blattgut schon für die Weiterverarbeitung vorbereitet, das heißt auf einheitliche Größen zurechtschneidet. Da ein einziger Zerschneidevorgang der CTC-Maschine oft nicht ausreicht und einen zu hohen Prozentsatz an BOP-Graden ergeben würde, sind in vielen Gärten drei bis fünf Maschinen hintereinander aufgestellt – je nach

Eine CTC-Maschine. Das CTC-Verfahren ist weit verbreitet.

Anforderung des Blattbedarfs. Das nach drei- oder viermaligem Durchlauf gut zerkleinerte Blatt wird anschließend fermentiert; Stengel und Blattrippen werden entweder vollkommen zerkleinert oder später aussortiert.

Die Tees der CTC-Produktion eignen sich ideal für den Aufgußbeutelbereich. Die Ausbeute an gleichmäßigen Pekoe Fannings beträgt bis zu 70%; der restliche Anteil verteilt sich auf 20% Dustgrade und 10% übrige Grade.

LTP-Produktion

Auch für diesen Lawrie Tea Processer soll das Blattgut nach dem Welken möglichst zuerst durch die Rotorvane-Maschine gehen, damit Größenunterschiede bei Blättern und Trieben schon vor der weiteren Bearbeitung egalisiert werden können. Die LTP-Maschine besteht eigentlich nur aus einem schnell rotierenden Messer, das Blätter oder Blattgut solange zerschneidet, bis eine Zerkleinerung in PF- oder Dust-Partikelchen erreicht ist. Gleichzeitig wird Kaltluft in die Maschine eingeblasen, damit das Blattgut nicht zu warm wird und der Fermentationsprozeß schon beschleunigt einsetzen kann.

Für die Herstellung dieser Tees, die meistens nur für Aufgußbeutel verwendet werden können, ist kein großer und komplizierter Maschinenpark notwendig. Auch der Personalaufwand ist gering, da die Maschine das zerrissene Blattgut (die „Dhoole") sofort auf die mächtigen Fermentationströge fallen läßt. Wie bei der CTC-Maschine gilt auch hier bei der LTP-Produktion: Ein längerer Durchlauf bedeutet eine größere Ausbeute an Dust und kleinen PF-Graden; Broken-Grade ergeben sich kaum noch und Blattgrade selbstverständlich überhaupt nicht mehr.

Das Teemuster wird geprüft.

Vom Blatt weg definiert: Blattgrade und Sortierungen

Während vor dem Zweiten Weltkrieg der Blatt-Tee noch eine bedeutende Rolle spielte, werden heute fast überall in der Welt die kleinblättrigen Tees bevorzugt. Die Entwicklung vom Broken zum Fannings und Dust ist eindeutig, die mehr und mehr automatisierte Industrie fragt heute nach immer kleineren Aussortierungen. So haben Blatt-Tees gegenwärtig gerade 2% Anteil an der gesamten Teeproduktion, während 98% von kleinblättrigen Tees abgedeckt werden.

Eine Ausnahme bei diesem Trend zum Kleinblättrigen bilden die Darjeelings; hier werden die Blatt-Tees wegen ihres besonders feinen Aromas sehr geschätzt. Es muß aber immer wieder betont werden, daß es sich bei den Broken, Fannings oder Dust-Graden ausschließlich um die Größe des mechanisch gebrochenen Blattes handelt, und daß die Größe keinen Einfluß auf die Qualität hat.

Hier nun einige Begriffe, die noch von früher verwendeten Qualitätsbezeichnungen stammen und heute nur noch

Beispiele einiger Blattgrade

Orange Pekoe

Broken Pekoe Souchong

Broken Orange Pekoe

Fannings

zur Unterscheidung der Sortierung bzw. Blattgröße dienen:

„Orange"
Das Wort „orange" soll früher in China für Tee verwendet worden sein, der mit Orangenblüten parfümiert war. Eine weitere Deutung bezieht den Begriff auf das niederländische Königshaus Oranien – hier wird das „königlich" mit „besonders gut" gleichgesetzt.

„Pekoe"
Das Wort ist aus dem Chinesischen und bedeutet „weißer Flaum"; es bezeichnet die jungen, noch zarten Blätter. Die Begriffe „Pekoe" und „Orange Pekoe" werden heute als Gradbezeichnung des Tees verwendet.

„Tippy"
Als „tip" bezeichnet man die hellen Teile des Tees, also die Blattspitzen junger, zarter Teeblätter, die weniger Zellsaft besitzen und sich beim Fermentieren deshalb nicht dunkel färben. „Tips" sind kein besonderes Merkmal für eine außergewöhnliche Qualität.

„Golden"
Hinweis auf goldbraune Spitzen („Tips"). Diese Bezeichnung wird nur bei Darjeeling- bzw. Assam-Blatt-Tees verwendet (Golden Flowery Orange Pekoe).

„Souchong"
Die chinesische Bezeichnung für die gröbsten im Handel befindlichen Teesorten. Pekoe Souchong und Souchong haben ein offenes und breites Blatt und sind dünn im Aufguß.

„Flowery"
Das Wort kommt aus dem Englischen und bedeutet „blumig", d.h. der Tee hat ein besonders „blumiges" Aroma.

„Broken"
Die englische Bezeichnung für „gebrochenen", kleinblättrigen Tee. Fehlt diese Bezeichnung (außer bei Dust oder Fannings), so handelt es sich um Blatt-Tee.

„Fannings"
Als „Fannings" (sprich: fennings) bezeichnet man die beim Sieben anfallenden kleinen Teilchen des Teeblattes. Mit zunehmender Produktion

von Tee-Aufgußbeuteln haben die Fannings an Bedeutung gewonnen.

„Dust"
Dieser Begriff (sprich: dast) kommt aus dem Englischen und heißt „Staub". Hier handelt es sich jedoch bei der Sortierungsauszeichnung um die kleinste und letzte Aussiebung.

Aromatisches à la carte: Die Teesorten

Meistens tragen die Teesorten lange, fremdländisch klingende Namen wie beispielsweise Darjeeling Flowery-Orange-Pekoe (Darjeeling F.O.P.) oder Ceylon Broken-Orange-Pekoe (Ceylon B.O.P.). Die Sortenbezeichnungen beinhalten zwei wesentliche Unterscheidungsmerkmale:

1. Unterscheidung der Teesorten nach Ursprungsland bzw. Anbaugebiet.
2. Unterscheidung nach Blattgröße (fachmännisch: „Blattkorn") und Aussehen des Blattes.

Neben diesen genau und namentlich festgehaltenen Charakteristika gibt es noch eine Reihe von Bezeichnungen für bestimmte Mischungen – z.B. Englische Mischung, Ceylon Hochland, Ostfriesische Mischung. Aber das Thema „Mischungen" ist ein Kapitel für sich (Seite 87); hier zunächst eine Erläuterung zu den Unterscheidungsmerkmalen:

Unterscheidung nach Anbaugebiet oder Ursprungsland

Es wurde bereits erwähnt, daß Aroma und Güte

des Tees nicht allein von der Pflanze abhängig sind. Vor allem kommt es bei diesen beiden Eigenschaften auf Anbaugebiet, Klima, Bodenbeschaffenheit und natürlich auch auf Lage und Verarbeitung an. Eine Kombination von Einflußfaktoren also, wie sie vom Wein her bekannt sind. Ist beispielsweise mit der Einteilung in Mosel-, Pfalz- oder Frankenweine schon eine bestimmte Geschmacksrichtung vorgegeben, gibt es innerhalb dieser Weinsorten verschiedene Güteklassen – vom billigen Tischwein bis zur Spitzensorte; und auch die Jahrgänge beeinflussen die Qualität. Genauso differenziert ist die Situation beim Tee.

Ein besonders aromatischer Tee kommt aus Darjeeling, dem nordindischen Distrikt an den Südhängen des Himalaya-Gebirges. Die Höhenlage (2000–3000 m) begünstigt das ausgeprägte Aroma, das beim „first flush" zart und duftig, beim „second flush" würzig und kräftig ist (siehe „Anbaugebiete/Erntezeiten"). Der first flush-Darjeeling zeigt einen hellen Abguß, beim second flush ist die Tassenfärbung kräftiger. Darjeelings sind aber nicht annähernd so dunkel im Abguß wie Assam-Tees. Die Abguß-Farbe ist also auch sortenbedingt und nicht nur von Ziehdauer und Teemenge abhängig.

In der nordindischen Provinz Assam, dem größten zusammenhängenden Teeanbaugebiet der Welt zu beiden Seiten des Brahmaputra, wächst ein besonders schwerer Tee – kräftig-würzig im Aroma, ungewöhnlich dunkel in der Farbe und mit einem typischen, angenehmen „Nachgeschmack", der noch lange auf der Zunge bleibt. Der Assam-Tee ist so kräftig, daß er mit jedem Wasser bestens zurechtkommt; er ist darum auch in vielen Mischungen enthalten (eine der populärsten Mischungen bei uns ist die „Ostfriesische", deren Basis Assam-Tee ist). CTC-Tees aus diesem Anbaugebiet eignen sich besonders gut für Aufgußbeutel.

Nilgiri und Travancore sind die südindischen Anbaugebiete, deren Produkte fast ausschließlich für Mischungen verwendet werden. Tees aus dem Hochland von Nilgiri (ca.

2000 m) zeigen – speziell im Frühjahr – ein besonders ausgeprägtes Aroma, das dem des Ceylon-Hochland-Tees ähnlich ist.

Der Ceylon-Tee hat ein sehr charakteristisches Aroma und einen sympathischen, herben Geschmack. Farblich liegt er zwischen den Produkten aus Darjeeling und Assam: Er steht „golden in der Tasse", wie der Fachmann es ausdrückt. Die hochwertigsten und aromatischsten Ceylon-Tees werden während der Monate Juli/August im östlichen

4 kg grünes Teeblatt ergeben 1 kg schwarzen Tee.

Uva-Distrikt geerntet, im Frühjahr im westlichen Dimbula und im Nuwara-Distrikt. Diese Hochland-Tees (angebaut in Höhen von 1500–2200 m) sind äußerlich am zart-rötlichen Schimmer des Blattes erkennbar. Außerdem gibt es mittlere Ceylon-Tees, ebenfalls von angenehm herbem Geschmack und sorgfältig verarbeitet, und die „niedrig gewachsenen" (low grown) Ceylons mit schwarzem Blatt, dunklem Abguß, jedoch nicht so ausgeprägtem Aroma.

Zu den afrikanischen Tees, speziell jenen aus Kenia, ist noch zu bemerken, daß sie sich in den letzten Jahren sehr gut entwickelt haben. Kenia erntet die besten Qualitätstees während der Trockenzeit.

Blattsortierungen und Bezeichnungen (Stand 1.1.1984)

Die einzelnen Blattgrade oder Größen werden einzig und allein durch die Endsiebungen hergestellt oder gewonnen, wobei natürlich bereits beim Pflücken und speziell beim späteren Rollen festgelegt wird, welchen prozentualen Anteil die verschiedenen Grade an der Gesamtproduktion haben. Zudem schreibt die Produktionsart – orthodox, CTC, Rotorvane, LTP – den Teegärten zwingend vor, welche Grade gewonnen werden können oder nicht mehr herstellbar sind.

Es lohnt sich, einmal die verschiedenen Produktionsmethoden sorgfältig nach Provenienzen zu gliedern:

Orthodoxe Produktion

Noch heute wird die Majorität der Tees in dieser altbekannten Weise produziert. In China, Indonesien und Ceylon werden fast ausschließlich orthodoxe Tees hergestellt; in Indien, Afrika und Südamerika ist der Anteil schon erheblich geringer, hier überwiegen heute die CTC-Produktionen.

Grundsätzlich gibt es bei der orthodoxen Produktion vier Gruppen:
Blatt-Tee
Broken-Tee
Fannings-Tee
Dust-Tee

Blatt-Tee

G.T. — Golden Tips. Darjeeling- und Assam-Tee; ohne Geschmack, nur reine Tips. Sie werden häufig zum Untermischen und zur optischen Verbesserung der Mischungen benutzt.

SFTGFOP1 — Special Fine Tippy Golden Flowery Orange Pekoe 1.

FTGFOP1 — Fine Tippy Golden Flowery Orange Pekoe 1. Hauptsächlich Darjeeling, neuerdings auch teilweise Assam. Feinste Top-Grade der Produktion, mit besonderer Sorgfalt hergestellt; gleichmäßiges Blatt, Tippy.

TGFOP1/TGFOP — Tippy Golden Flowery Orange Pekoe 1/Tippy Golden Flowery Orange Pekoe. Hauptgrad Darjeeling und Assam.

GFOP1 — Golden Flowery Orange Pekoe 1. Top-Grade der einzigen Kenia-Plantage, die Tippy Tees herstellt. In Assam und Darjeeling heute weniger gebräuchlich.

FOP/FOP1 — Flowery Orange Pekoe/ Flowery Orange Pekoe 1. 2. Blattgrad in Assam, Dooars

	und Bangla Desh. Top Grade in China. Langes Blatt, wenig Tips, teilweise etwas Einwurf (Holz).
OP sup	Orange Pekoe Superior. Nur aus Indonesien. Sehr tippy, häufig geringe Tasse.
OP	Orange Pekoe. Hauptgrade der Ceylon- und Java-Tee-Produktion. Teilweise langes drahtiges Blatt, ohne Tips, wenig Einwurf.
BOP1	Broken Orange Pekoe 1 – Semi Leaf Tea. Speziell in „low districts" Ceylons. Grober, schwarzblättriger Tee, bestehend aus rund 40% OP und 60% Pekoe/BOP.
Off-Grades	Teilweise OP2 (Orange Pekoe 2) Blatt-Tee mit Einwurf, jedoch nur in Ceylon und Südindien. In Java wird dieser zu BP verarbeitet.

Broken-Tee

P/FP	Pekoe/Flowery Pekoe. Hauptsächlich in Ceylon und Südindien, teilweise auch in Kenia produziert. Meist gröberer, fleischiger Broken. In den „low districts" Ceylons Herstellung auch als kugeliger Tee (Curly Tea).

BOP grob   Broken Orange Pekoe grob.
                            Indonesische Bezeichnung
                            für Pekoe.

BPS   Broken Pekoe Souchong.
                            Bezeichnung des Pekoes in
                            Assam und Darjeeling.

TGFBOP1   Tippy Golden Flowery
                            Broken Orange Pekoe 1.
                            Feinster Broken-Grad in Dar-
                            jeeling und teilweise Assam.
                            Hochtippy, gleichmäßiges
                            Blatt.

GFBOP1   Golden Flowery Broken
                            Orange Pekoe 1.
                            Hauptsächlich in Assam als
                            Top-Tea der Broken-Gra-
                            dierung produziert; sehr be-
                            liebt in Ostfriesland. Eben-
                            falls der einzige tippy Broken
                            aus Kenia.

GBOP   Golden Broken Orange
                            Pekoe.
                            Nächste, zweite Sortierung.
                            Uneinheitlich im Blatt,
                            weniger Tips.

FBOP   Flowery Broken Orange
                            Pekoe.
                            Gröberer Broken mit einigen
                            Tips aus Assam, Ceylon, Indo-
                            nesien und China sowie
                            Bangla Desh. In Südamerika

grober, schwarzer Broken. In Südindien wird der Pekoe häufig FBOP genannt.

BOP
Broken Orange Pekoe. Hauptbrokengrad in Ceylon, Südindien, Java und China.

BOP1
Broken Orange Pekoe 1. In niedergelegenen Gebieten Ceylons Leafy Broken, im Hochland bester Broken (speziell im Uvateil), in Sumatra schwarzer Broken mit einigen Tips.

BP/BOP2
Broken Pekoe/Broken Orange Pekoe 2. Aus Indonesien, Ceylon, Südindien. Sehr schwarzer Tee, oft mit Einwurf, teilweise sehr holzig.

FBOPF
Flowery Broken Orange Pekoe Fannings. Kommt hauptsächlich aus Ceylons „low districts" und zeigt nicht, wie der Name anzugeben scheint, einen Fannings, sondern einen leafy BOP1 mit einigen Tips.

BT
Broken Tea. Aus Sumatra, Ceylon, teilweise aus Südindien. Meistens ein schwarzes, offenes,

fleischiges Blatt, recht voluminös.

Fannings

BOPF — Broken Orange Pekoe Fannings.
Main-Grade* in Ceylon, Indonesien, Südindien, Kenia, Kenia, Moçambique, Bangla Desh und China. Schwarzblättriger Tee, kaum Einwurf, gleichmäßiges Korn, keine Tips. In Indonesien BOP-fein, kleinblättriger BOP.

TGFOF — Tippy Golden Flowery Orange Fannings.

GFOF — Golden Flowery Orange Fannings.
Feinste Sortierung in Darjeeling für die Aufgußbeutelproduktion.

FOF — Flowery Orange Fannings.
Häufig in Assam, Dooars und Bangla Desh produziert. Die Blattgröße reicht teilweise bis an die kleinen Broken heran. Sehr beliebt in Ostfriesland.

OF — Orange Fannings.
Aus Nordindien, teilweise aus Afrika und Südamerika.

PF — Pekoe Fannings.

*(Hauptgrad)

Bezeichnung der Fannings-Hauptgrade in Indonesien.

Off-Grade* (Fannings)

Fngs. — Fannings.
Aus Ceylon, Indien, Afrika und Südamerika sowie China. Wenig Einwurf, jedoch unregelmäßiges Blatt, häufig in der Farbe des Blattes unterschiedlich zu den Main-Grades.

Fngs. 2 — Fannings 2.
Wie Fannings, jedoch mit mehr Einwurf wie „fibre" (= Blattstengelreste; sind sie dicker, werden sie „stalk" genannt).

Fngs. 3 — Fannings 3.

BMF — Broken Mixed Fannings.
Sehr fibry; wird häufig nicht exportiert, sondern ist für den Eigenbedarf bestimmt oder wird für industrielle Zwecke eingesetzt.

Dust

D1 — Dust 1.
Aus Ceylon, Indonesien, China, Afrika, Südamerika und Südindien.

*Off Grade = der – geringe – Teil einer Produktion, der nicht genau in Grade einzuordnen ist.

PD/PD1	Pekoe Dust/Pekoe Dust 1. Hauptsächlich in Indien.

Off-Grade (Dust)

D2	Dust 2. Duste mit Holzeinwurf.
D3	Dust 3. Unregelmäßiges Korn, andersfarbig.

Somit sind fast alle Grade der orthodoxen Produktion genannt. Hier und dort gibt es noch einige weitere Grade, die jedoch nur regional bedeutend sind.

CTC-Produktion

Da bei der CTC-Produktion das geerntete grüne Blatt weitgehend zerdrückt und zerrissen wird, können keine Blatt Tees hergestellt werden. Aus dieser Produktion werden nur Broken-, Fannings- und Dust-Grade gewonnen.

Pflückerinnen auf dem Weg zur Sammelstelle

Broken

BOP
Broken Orange Pekoe.
Aus Assam, Südindien,
Bangla Desh.
Kleines bräunliches Korn,
einheitlich, sehr kräftige
Tasse.

BP1
Broken Pekoe 1.
Hauptgrad der Broken-Produktion in Kenia, Tansania und fast allen anderen CTC herstellenden Ländern Afrikas. In Assam und Bangla Desh gröber als der BOP.

BP	Broken Pekoe. Off-Grade. Gröberer, kugeliger, brauner BP1. In Assam ein sauber gearbeiteter Tee ohne Farbe.
BT/BP2	Broken Tea/Broken Pekoe 2. Oft holzige, uneinheitliche Grade der Off-Grade-Produktion.

Fannings

PF1/PF	Pekoe Fannings 1/Pekoe Fannings. Aus Assam, Südindien, Bangla Desh, Kenia, Tansania, Malawi. **Hauptgrad** der CTC-Produktion. Kleiner gleichmäßiger Tee, kräftig färbend. PF ist in Assam ein absoluter Top-Tee. Er ist der Teeaufgußbeutel-Tee.
Fngs./Fngs. 1	Fannings/Fannings 1. Off-Grade der CTC-Produktion mit fibre und längerem Korn.
BTF	Off-Grades der CTC-Produktion, die individuell nach den Anbaugebieten ausgewählt werden.

Dust

PD	Pekoe Dust. Aus Assam, Südindien,

	Bangla Desh, Kenia, Tansania und Malawi. Top-Grade der Dust-Produktion. Einheitliches Korn, sehr kräftig färbend.
D1	Dust 1
D2	Dust 2
PD2	Pekoe Dust 2

Off-Grades der CTC-Produktion: je höher die Zahl hinter dem Grad, umso kleiner das Korn (D3 – Staub).

LTP-Produktion

Die LTP-Produktion eignet sich kaum zur Herstellung der Blatt- oder Broken-Grade. Zu 70% werden Fannings-Grade hergestellt. 20% Dust und die restlichen 10% teilen sich in Off- und Broken-Grade auf.

Broken

BP 1	Broken Pekoe 1. Wie CTC BP.
BP	Broken Pekoe. Off-Grade der BP-Produktion.

Fannings

Fngs. 1 — Fannings 1.
Top-Grade in Malawi. Gleichmäßiger, einheitlicher, sauber gearbeiteter Fannings.

PF1/PF — Pekoe Fannings 1/Pekoe Fannings.
Aus Kenia und Tansania. Top-Grade der LTP-Produktion.

Fngs. — Fannings.
Unregelmäßiges Korn mit etwas Einwurf.

B — Broken Mixed Fannings.
Off-Grades mit sehr hohem Anteil von fibre, sehr kräftig färbend.

Dust

PD — Pekoe Dust.

D — Dust.

D1 — Dust 1.
Hauptsortierungen, deren Bezeichnungen regional individuell ausgewählt und bestimmt werden. Kleines, einheitliches Dust-Korn, sehr kräftig färbend.

D2
PD2
Resedue Dust — Off-Grades der Dust-Produktion. Auch hier: je höher die Zahl, umso kleiner oder schlechter die Sortierung.

Rotorvane

Beim Einsatz der Rotorvane-Maschine, die der orthodoxen Produktion vorgeschaltet wird, reduzieren sich die Qualitäten der Blatt-Sortierungen sowie der groben Pekoe-Grade. Auch optisch sind sie teilweise untypisch für die normale orthodoxe Methode: fleischiger, gröber, jedoch weniger Tips.

Deshalb erübrigt sich bei dieser Produktionsart eine Aufgliederung nach Graden.

Grundsätzlich muß noch zu der auf den vorhergegangenen Seiten gegebenen Auflistung gesagt werden, daß sie den aktuellen Stand bei Herausgabe dieses Handbuchs aufzeigt. Es werden immer wieder neue Grad-Bezeichnungen erfunden und alte Grade umbenannt.

Daher ist es entscheidend wichtig, diese prinzipielle Festlegung zu wissen:

Blatt, Broken, Fannings, Dust – in der orthodoxen Produktion.
Broken, Fannings, Dust – in der CTC-Produktion.

Vom Steckling bis zur Jungpflanze

Die Farb-Variante der Tee-Palette: Grüner Tee

In früheren Zeiten waren grüne Tees nur aus China und Japan bekannt. Heute haben auch schon Südindien, Bangla Desh, Formosa, Vietnam und Java ihre Produktion teilweise auf diese unfermentierten Tees umgestellt.

Blatt-, Broken-, Fannings- und Dust-Tees werden mit dieser Herstellungsmethode gewonnen, deren Besonderheit offensichtlich auch einen eigenen Katalog an Bezeichnungen erfordert.

Blatt

Sencha
Japan, Formosa.
Grünes, langes Blatt, dünne Tasse.

Chun Mee
China, Formosa, Japan, Indien, Bangla Desh als Haupterzeuger.
Kleines geschnittenes Blatt, hell- bzw. dunkelgrün, teilweise mit Kreide/Talkum eingepudert.

Gunpowder
China, Formosa, Indien.
Kugeliger grüner Tee, hell- bis dunkelgrün, fleischiges Blatt, dünne Tasse. Beliebt in Nordafrika.

Sowmee
China, Formosa, Japan, Indien.
Offenes, unregelmäßiges Blatt, teilweise Off-Grade der grünen Tee-Produktion.

Hyson
China.
Grüner Tee, dessen Herstellung jahreszeitlich bedingt ist.

Der grüne Tee stammt von der selben Pflanze wie der schwarze Tee und unterscheidet sich von diesem nur dadurch, daß er nicht fermentiert also nicht chemisch verändert wird. Vielmehr werden die im grünen Tee nach dem Welken vorhandenen Tee-Fermente und -Enzyme noch vor dem Rollen durch starke Dampferhitzung zerstört. Dadurch färben sich die Blätter nicht kupferrot, sondern behalten ihre olivgrüne Farbe. Nach dem Dämpfen („Steamen") wird der Tee leicht gerollt und dann sofort getrocknet.

Hier eine Übersicht

schwarzer Tee	**grüner Tee**
Pflücken	Pflücken
↓	↓
Welken	Welken
↓	↓
Rollen	Dämpfen
↓	↓
Fermentieren	Rollen
↓	↓
Trocknen	Trocknen
↓	↓
Sortieren	Sortieren

Grüner Tee wird noch heute in den ostasiatischen Ländern bevorzugt; so bildet er beispielsweise die Grundlage der japanischen Tee-Zeremonie. Auch in Europa wurde bis ins vorige Jahrhundert viel grüner Tee getrunken, erst seit dem ersten Weltkrieg hat sich der europäische Geschmack immer mehr dem fermentierten Tee zugeneigt.

Parallel zu dieser Entwicklung hat der noch im 19. Jahrhundert vorherrschende China-Tee den kräftigeren und aromatischeren Tees aus Indien und Ceylon weichen müssen – allein diese beiden Länder decken heute etwa 80% des Weltmarkts ab.

Der Vollständigkeit halber sei noch der Oolong-Tee erwähnt: Er ist ein halbfermentiertes Produkt, das geschmacklich zwischen grünem und schwarzem Tee angesiedelt ist.

Teegärten – im Vordergrund mit jungen Trieben fertig zum Pflücken

Vielfältig wachsender Teegenuß: Anbaugebiete, Erntezeiten

Während noch im vorigen Jahrhundert der Chinatee den Weltmarkt beherrschte, kommt der in der Bundesrepublik konsumierte Tee zu etwa 27% aus Indien, 16% aus Ceylon, 10% aus China, 8% aus Indonesien und 8% aus Afrika. Der Rest von etwa 31% verteilt sich auf verschiedene andere Teeanbauländer. Der Grund für diesen Wandel liegt im Geschmacksempfinden der Europäer, die den Chinatee für zu weich und zu rauchig halten und kräftigere, aromatische Tees, wie sie in Indien, Sri Lanka, Kenia und Indonesien produziert werden, bevorzugen. Trotzdem werden Chinatees gern als Basis für aromatisierte Teesorten verwendet.

Die Welt-Teeproduktion wird auf über 2 Millionen Tonnen geschätzt, wovon ungefähr die Hälfte von den Produktionsländern exportiert wird. Der Rest ist zum (ständig steigenden) Eigenverbrauch bestimmt.

Die Rangliste der Weltproduktion führt Indien an – mit den Anbaugebieten Assam, Dooars, Darjeeling im Norden, Nilgiri und Travancore im Süden. Auf etwa 6000 Plantagen werden jährlich rund 741.719 Tonnen Tee produziert. Es folgen Sri Lanka mit den Anbaugebieten Uva, Dimbula und Nuwara Eliya (sprich Nurelia) mit 241.552 Tonnen, China mit 520.000 Tonnen und Kenia (Nandi, Kericho, Nyeri, Meru) mit 203.589 Tonnen. Neben diesen wichtigsten Anbaugebieten müssen auch die Tees aus Indonesien (Java und Sumatra), Tansania, Malawi und Mosambik erwähnt werden. Außerdem wird Tee in den folgenden Ländern produziert, die jedoch auf dem Weltmarkt an Bedeutung weit hinter den genannten zurückliegen: Argentinien, Australien, Bangla Desh, Brasilien, Burundi, Equador, Iran, Japan, Kamerun, Malaysia, Mauritius, Nepal, Neuguinea, Papua, Peru, Ruanda, Seychellen, Südafrika, Taiwan, Türkei, UdSSR, Vietnam, Zaire und Zimbabwe.

Tee aus Indien

So verschieden wie die Anbaugebiete der indischen Spitzentees, die zum Teil Tausende von Kilometern auseinanderliegen, sind auch Blume, Tasse, Farbe und Stärke* der Tees: somit hat jede Sorte ihre eigene charakteristische Note.

Darjeeling, ein kleines Städtchen im Norden, gab der wohl bekanntesten Teesorte ihren Namen. Die Darjeeling-Plantagen liegen 2000 Meter hoch an den Südhängen des Himalaya-Gebirges, im Gebiet der Ströme Teesta, Balasan und Mechi. Hier also wachsen, begünstigt durch kühle Nächte und intensive Gebirgssonne, die edelsten und kostbarsten Tees der Welt. Der naturbedingte langsamere Blattwuchs verleiht ihnen ein besonders intensives, liebliches Aroma.

Drei Qualitätsgruppen sind grundsätzlich zu unterscheiden:

Teepflückerin in Darjeeling, Indien

Die Frühlingspflückung (first flush), die Sommerpflükkung (second flush) und die Herbstpflückung (autumnals). Die besten Qualitäten sind first und second flush.

Ein Unterscheidungsmerkmal ist, daß der first flush-Darjeeling einen hellen Abguß zeigt, während der second flush-Darjeeling eine kräftigere Tassenfärbung aufweist. Generell kann gesagt werden, daß Darjeelings nicht annähernd so dunkel im Abguß sind wie Assam-Tees (s. S. 57). Übrigens ist die Farbe des Abgusses nicht nur von Ziehdauer und Teemenge abhängig, sondern auch sortenbedingt.

* (Blume = Aroma, Duft; Tasse = Kraft, Geschmack; Stärke = Tassenform, Blume, Geschmack)

Der ursprünglich im Darjeeling-Distrikt erzeugte Tee wurde aus dem Strauch Thea sinensis gewonnen. Erst in letzter Zeit fand er durch Kreuzungen mit dem erst 1923 in Assam entdeckten Thea assamica in den sogenannten Blendings mehr und mehr zu seinem unverwechselbaren Charakter.

Noch eine Information am Rande: Zwei der ältesten Pflanzungen in Darjeeling, „Steintal" und „Happy Valley" sollen vor langer Zeit von deutschen Missionaren oder Einsiedlern gegründet worden sein.

Assam, eine Hochebene zu beiden Seiten des Brahmaputras, ist der größte zusammenhängende Teedistrikt der Welt. Hier wird in etwa 2000 Gärten ein besonders kräftigwürziger Tee geerntet, der wegen seiner feinen Qualität die Grundlage für viele begehrte Mischungen bildet (eine der bekanntesten bei uns ist die „Ostfriesische Mischung"). Assam-Tee zeichnet sich durch die würzige, kräftige Tasse aus, gießt schon nach kurzer Zeit des Ziehenlassens dunkelfarbig ab und schmeckt angenehm vollmundig nach.

Dooars, die indische Provinz westlich von Assam, ist von den natürlichen Gegebenheiten her mit dem Assam-Distrikt zu vergleichen.

Nilgiri, liegt im Südwesten Indiens, ist ebenfalls ein sehr bedeutendes Anbaugebiet. Hier und auf der benachbarten Anamalai- und Mudi-Hochebene wird ein Tee geerntet, der dem Ceylon-Tee schon sehr ähnlich und besonders im Frühjahr sehr aromatisch ist. Er wird gern für Mischungen verwendet.

Haupterntezeiten in Indien

In Nordindien beginnt die Ernte etwa im März. Den Auftakt bilden die first flush-Qualitäten in den Gebieten Darjeeling und Dooars; diese erste Periode dauert etwa 4 bis 6 Wochen. Von Mitte Mai bis Ende Juni dauert der second flush – aus dieser Sommerpflückung entstehen sowohl Darjeelings mit vollwürzigem Aroma und schwerem dunklen Aufguß wie auch wegen ihrer hervorragenden Tassenqualität hochgeschätzte Assams. In der Westmonsunzeit, also von August bis Oktober, werden die sogenannten Regentees produziert, gute Gebrauchstees, die auch als „bread-and-butter-teas" (Brot und Butter Tees) bezeichnet werden. Nehmen die Tees durch die Herbstsonne eine ganz bestimmte Geschmacksrichtung an, dann spricht man von autumnal-Qualitäten.

Während infolge der kühlen Witterung in Nordindien die Teeproduktion vom Jahresende bis Anfang/Mitte März ruht, wird in Südindien das ganze Jahr hindurch geerntet. Die qualitativen Höhepunkte liegen zwischen Januar und März sowie Ende Juli/Anfang August. Die hochwertigsten Tees dieser Produktionsperiode kommen aus dem Hochland von Nilgiri. Zur Auktion in Cochin kommt von Dezember bis Februar feinste Kaltwetterware auf den Markt, falls der starke Nordostmonsun die Ernte nicht zu sehr beeinflußt.

Tee aus Ceylon

Heißt auch die grüne Insel am Golf von Bengalen heute offiziell Sri Lanka, so wollen wir hier zwar unkor-

Teepflückerin im Hochland von Sri Lanka (Ceylon)

rekt, aber ohne schlechtes Gewissen weiterhin von Ceylon reden. Denn dieser Name ist eben untrennbar mit den Tees verbunden, die sich durch so angenehme, kräftig-herbe Frische auszeichnen.

Wer heute die schier endlosen Reihen von Teegärten bestaunt, wird kaum glauben, daß der erste Anbau erst gut hundert Jahre zurückliegt. Der Engländer James Taylor war es, der – nachdem 1867 die Kaffeepest Ceylons vorherige riesige Kaffeeplantagen vernichtet hatte – auf dem Loolecondera Estate den ersten Tee anpflanzte; ein Produkt, von dem jetzt praktisch die ganze Insel lebt.

Nicht nur die Lebensbeziehung des Volkes zum wichtigen Wirtschaftsfaktor Tee ist eng. Genauso intim ist das Verhältnis zwischen den sehr guten Ceylon-Qualitäten und dem Wind, produzieren doch die drei Hauptanbaugebiete ihre Spitzentees im Wechselspiel der Monsune.

<u>Uva-Distrikt</u>: Zwischen Juni und September, wenn der Südwest-Monsun den Regen auf die andere Seite der Adams Peak-Bergkette prasseln läßt, haben die Uva-Qualitäten ihren Höhenpunkt. In dieser Trockenzeit wachsen sehr vollmundige, saftig-frische Tees, die Kraft und Aroma hervorragend in sich vereinen und deshalb zu den begehrtesten Ceylon-Tees gehören.

<u>Dimbula-Distrikt</u>: Das Gebiet auf der Südwestseite des Adams Peak hat seine qualitative Bestform zwischen Januar und März, wenn der Nordost-Monsun die Uva-Seite mit Regen bedeckt. In dieser Zeit werden sehr feine, weiche, runde Tees gepflückt; sehr beliebt, weil sie – bei gleichem Flavour* – weniger gerbstoffartige Substanzen enthalten als die Uvas.

<u>Nuwara-Eliya-Distrikt</u>: Hier, genau unterhalb des Adams Peak, wachsen feine Qualitäten fast das ganze Jahr hindurch, die allerbesten Sorten jedoch – wie in Dimbula – während des Nordost-Monsuns.

Generell kann zum Ceylon-Qualitätsgefüge gesagt werden, daß die besten Tees

* **(Flavour = Duft eines guten Tees)**

(wie auf dem indischen Festland) in den Höhenlagen zwischen 1500 und 2200 m geerntet werden. Die großen Mengen („medium teas") stammen aus den mittleren Höhen, und die sogenannten „low grown teas" sind bis hinunter in die Reisanbaugebiete des Südens zu finden.

Ceylon-Tee hat ein spezielles Aroma und einen sympathischen herben Geschmack. Farblich liegt er zwischen Darjeeling und Assam, was ein Begriff aus der Fachsprache fast poetisch so beschreibt: „Er steht golden in der Tasse".

Haupterntezeiten in Ceylon

Unter normalen Bedingungen fallen die Qualitätsperioden der grundsätzlich ganzjährigen Ernte mit den zwei Monsunperioden zusammen. Von Juni bis September herrscht der Südwest-Monsun vor; er bringt dem Westen der Insel Regen, Uva und den östlichen Distrikten dagegen trockene Winde. Ergebnis: feinste Uva-Qualitäten in dieser Zeit. Umgekehrt bringt der Nordost-Monsun von Dezember bis März der Ostseite Regen (und damit große Ernten minderer Qualität), dem Westen dagegen den trockenen Wind, der für feinste Qualität in Dimbula und Dickoya sorgt. Zwischen beiden Anbaugebieten liegt – mit nahezu ganzjähriger Produktion – der bereits erwähnte Nuwara-Eliya-Distrikt.

Tee aus Indonesien, Java, Sumatra

Diese Länder gelten als Hochburg der orthodoxen Tees. Und die Tatsache, daß es in einem so wichtigen Anbaugebiet noch keine CTC-Maschinen gibt, hat mit Sicherheit ihren Einfluß auf die produzierte Qualität. Dennoch muß bei genauer Betrachtung dieser Tees erheblich differenziert werden.

Sieht man von der gesamtverstaatlichten Anbaufläche Rußlands ab und bewertet auch die chinesische Produktion unter dem Gesichtspunkt individueller Plantagen, dann beherbergt Sumatra wohl die größten Teepflanzungen der Welt. Riesige Gebiete beliefern hier modernste Fabriken,

Die Hauptanbaugebiete des Tees (vgl. Karte S. 116)

die von ihrer Anlage her auch größte Erntemengen problemlos verarbeiten können. Bei der Beurteilung des Ernte- und Zuliefersystems in den fabrikzugehörigen Einzugsgebieten sind Parallelen zu den afrikanischen Kooperativen unübersehbar.

Allgemein kann zur Tee-Erzeugung Sumatras festgestellt werden, daß es kaum qualitative Höhepunkte gibt; lediglich in den Monaten Mai und Juni kann bei gutem Wetter ein leichter Qualitätsanstieg verzeichnet werden. Geerntet wird hauptsächlich ein guter Mischtee von ganzjähriger Stabilität in Qualität, Tasse und natürlich auch Blattbeschaffenheit. Also rundherum gute Standardware, selten unterschiedlich im Volumen und praktisch ohne Geschmacksveränderungen – sehr gut geeignet als Untermischer.

Ein anderes Bild als dieses Güte-Gleichmaß präsentiert sich in Java, wo sich ein deutliches Qualitätsgefälle abzeichnet. So gibt es neben den exportfähigen Tees der höheren Regionen auch die mindere Qualität einiger Teegärten, deren Produktion – ohne Chance auf vernünftige Weltmarktpreise – in erster Linie für den inseleigenen Verbrauch bestimmt ist. Neuerdings ist man sogar dazu übergegangen, in diesen niedrig gelegenen Teegärten grüne Tees zu produzieren, was dem Geschmack der vielen chinesischen Java-Bewohner sehr entgegenkommt.

Doch zurück zur ersten Qualitätskategorie: Diese bei uns in Europa bekannten Tees (nach landeseigener Amtsbezeichnung eingeteilt in PTP 12 und 13-Tees) lassen auffallenderweise die in anderen Ländern üblichen Gebietsbezeichnungen vermissen. Hier in Indonesien ist alles nach Nummern geordnet, die für Outsider zwangsläufig nichtssagend sein müssen: 8 = Sumatra-Tees, 12 = eher niedrige, aber kräftige Java-Tees, 13 = dünnere, höher gewachsene Java-Tees und einige West-Java-Tees mit der Kennziffer 23. Was diese Nummern bedeuten, ist sehr simpel: Sie drükken lediglich einen Exportfaktor in der indonesischen Außenhandelsbilanz aus.

Haupterntezeiten in Indonesien, Java, Sumatra

Zwar wird in Indonesien während des ganzen Jahrs Tee produziert, doch sind die Witterungsbedingungen auf Java und Sumatra unterschiedlich. Auf Sumatra sind die Regenfälle ziemlich gleichmäßig über das ganze Jahr verteilt; dementsprechend einheitlich ist die Qualität der Sumatra-Tees. Auf Java dagegen gibt es drei besonders trockene Produktionsmonate – im allgemeinen Juli, August und September (teilweise auch noch der Oktober). In dieser Trockenzeit, wenn die Blätter klein bleiben und nur wenige „Tips" (sog. Spitzen, unterentwickelte Blätter) in den Tee gelangen, werden die besten Qualitäten produziert: die sogenannten „trockenen Java-Tees".

Tee aus China

China ist zweifellos das Ursprungsland des Tees. Hier wurde erstmals Tee angebaut, hergestellt und getrunken, und die Kunst des Umgangs mit dem aromatischen Elixier wurde im Laufe vieler Jahrhunderte immer weiter entwickelt und verfeinert. Noch Mitte des 19. Jahrhunderts war das Reich der Mitte der einzige Tee-Exporteur überhaupt.

Heute ist die Volksrepublik China mit über 520.000 Tonnen jährlich zweitgrößter Produzent (nach Indien) und mit ca. 184.000 Tonnen drittgrößter Exporteur (nach Indien und Ceylon). Etwa zwei Drittel des erzeugten Tees werden also im eigenen Land konsumiert.

Angebaut wird in allen südlichen und mittleren Provinzen; früher geschah dies ausschließlich auf kleinen, von Bauern bewirtschafteten Pflanzungen, heute immer mehr auf Großplantagen. Das chinesische Teeangebot ist ungewöhnlich vielfältig, aus jeder Provinz kommen Dutzende verschiedener Sorten Grüntee, Oolong und Schwarztee.

Die in Europa bevorzugten und qualitativ ausgezeichneten Sorten sind:

Schwarztee:
Keemun
Szechuan

Pingsuey
Chingwo
Ningchow
Panyong
Hunan
Yunnan

Grüner Tee:
Chun Mee (Langblatt)
Gunpowder (Kugelblatt)

halbfermentierter Oolong

Die „klassischen" aromatisierten Tees:
Lapsang Souchong (Rauchtee)
Jasmin-Tee (mit Blüten)
Rosen-Tee
Lichee-Tee*

Der Export wird durch die staatliche Tea Export Corporation, die China National Native Produce and Animal By-Products Import & Export Corporation abgewickelt. Hier werden die Kontrakte durch die selbständig arbeitenden Branch Offices der staatlichen Tea Export Corporation mit dem Kunden direkt oder über Agenten ausgehandelt. Dies geschieht zur Zeit durch Telex oder auf der Messe in Canton. Diese Verhandlungen sind teilweise recht mühsam. Die Corporations überwachen die Qualität und stellen die zur Ausfuhr vorgesehenen Standardmischung her. Bei solchen Standards kann davon ausgegangen werden, daß sie jahrelang von konstanter Gleichmäßigkeit sind; nur in ganz seltenen Fällen sind im Chinageschäft Plantagentees von unterschiedlicher Qualität bekannt.

Traditioneller Handelsplatz ist Guangzhou (Canton) mit seiner zweimal jährlich stattfindenden Messe. Grundsätzlich – ob Messe oder nicht Messe – sind für erfolgreiche Geschäfte langjährige Kontakte zu den chinesischen Verkäufern unabdingbare Voraussetzung – daran hat sich seit 100 Jahren nur wenig geändert.

Die beim Tee sonst übliche Form der Auktion ist im Chinahandel übrigens unbekannt. So muß sich der Teekäufer auf die oft ungewohnte Verhandlungsweise eines Staatshandelslandes einstellen. Dabei gibt es einen nicht zu unterschätzenden Vorteil: Die Lieferung ist garantiert

* **Lichee, Litschi, chinesische wohlschmeckende Frucht**

einwandfrei und mustergetreu.

Im Zuge der Öffnung nach Westen bemühen sich die Chinesen ihren Tee-Export zu steigern, und so reisen chinesische Teehandelsdelegationen seit einigen Jahren um die Welt und besuchen auch deutsche Tee-Importeure.

Haupterntezeiten in China

Erntebeginn auf der Insel Hainan, dem südlichsten Teeanbaugebiet, im März, auf dem südchinesischen Festland im April; Ende der Ernte bereits jeweils im September.

Tee aus Taiwan

Auf der Insel Taiwan (früher Formosa genannt) wird seit mehr als 300 Jahren Tee angebaut. Die Urpflanzen kamen vom chinesischen Festland; gegen Ende des 17. Jahrhunderts mitgebracht von Auswanderern aus den Provinzen Fukien und Kwantung. Während der nächsten 100 Jahre entfaltete sich der Anbau dermaßen, daß man bereits um 1800 von einer Industrie sprechen konnte.

Das Klima der Insel ist so günstig für den Teeanbau, daß die Pflanze gut und gern auf dem gesamten Inselbereich gedeihen würde. Aber trotz dieser generell vorteilhaften Bedingungen entwickelten sich die Hauptanbaugebiete in der Region um Taipai, Taoyuand und Hsinchu, außerdem in den nördlich gelegenen Höhenzügen.

1821 wurden die ersten Exporte registriert, und im weiteren Verlauf des Jahrhunderts wurden die halbfermentierten Oolong Tees zum speziellen Exportschlager der ansässigen Teeindustrie. Nach der japanischen Besetzung am Ende des 19. Jahrhunderts wurde der Produktionsschwerpunkt auf grünen Tee gelegt, also auf den Tee-Favoriten Japans. Nach dem 2. Weltkrieg mußte die gesamte Teeproduktion von Grund auf wieder aufgebaut werden, neue Maschinen wurden angeschafft und die Exportanstrengungen reaktiviert. Dieser drastische Neubeginn führte dann auch zu einer soge-

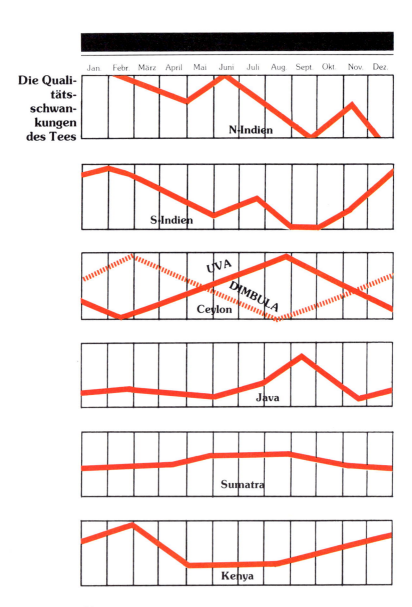

nannten Standardisierung der Produktion: Sie umfaßte hauptsächlich Oolong Tees, weiterhin Pouchong Tees sowie schwarze Tees. Und man konzentrierte sich – zusätzlich zu Pouchong – auch auf andere grüne Tees, so daß man grundsätzlich von vier Hauptsorten sprechen kann – natürlich mit einigen blattgradbedingten Untersorten.

Qualitativ unterscheidet man in Taiwan die „Assam and Chinese types". Der Assam-Typ hat das größere Blatt, während die chinesischen Tees häufig das weichere, zartere und kleinere Blatt besitzen.

Wenden wir uns nun detailliert den bereits erwähnten Hauptsorten zu:

Oolong Tee: Dieses halbfermentierte Produkt, ein Mittelding zwischen grünem und schwarzem Tee, wird noch nach althergebrachten Methoden und dadurch zwangsläufig mit hohem Arbeitsaufwand hergestellt. Das frische Blatt wird teilweise sonnengetrocknet, teilweise nur anfermentiert. Das heißt: Bei der Fermentation wird noch nicht das Mittelstück eines Blattes erfaßt, sondern nur die Schnittstelle (beim angebrochenen Blatt) oder aber der ganze Blattrand. Also außen fermentiert, innen grün und trocken.

Sonnentrocknung und Halbfermentation erfolgen sofort nach dem Pflücken, umgehend danach kommt es zu einer weiteren Trocknung in der Fabrik und zu einem leichten „Pfannenrösten", das die Fermentation gänzlich stoppen soll. Erst jetzt werden die Blätter leicht gerollt, zur Vermeidung von Klumpenbildung durch einen Ballbreaker geschickt und nochmals im Ofen getrocknet. (Wobei auch ein weiteres Ofentrocknen nicht ausgeschlossen ist).

Also alles in allem eine recht aufwendige Arbeitsprozedur. Aber die Mühe lohnt sich. Liebevoll und sorgsam hergestelle Oolong Tees können – speziell während der Maiproduktion – vom Flavour her sogar die Darjeeling-Tees der second flush-Ernte in den Schatten stellen. Die teilweise sehr groben, bräunlichen, häufig mit feinen Tips versehenen, wildgedrehten Blätter enthalten eine Aromasüße und einen Duft, der bei richtiger Zubereitung die typische brotige Anmutung zurückstellt und nur frühlingshaft-zarte, liebliche Geschmacks- und Geruchskompositionen hinterläßt.

Kein Wunder, daß diese nur in geringer Quantität verfügbaren Tees bei Kennern Höchstpreise erzielen. Das Angebot eines derartigen Teegenusses ist eben, wie gesagt, relativ klein; der Großteil der Oolong Tees ist durch das charakteristische brotig-malzige Aroma gekennzeichnet.

Pouchong Tee: Besser bekannt ist diese Sorte als Jasmine Po chong; sie wird ähnlich hergestellt wie Oolong Tee, ist jedoch weniger fermentiert. Darüberhinaus erfordert die spätere Haltbarkeit besondere technische Vorkehrungen – beispielsweise spezielle Maschinen, die bei normaler Schwarzteefabrikation selten eingesetzt werden. Der gebräuchlichere Name Jasmine Po chong erklärt sich dadurch, daß im Herstellungsverlauf Zutaten wie Jasminblüten, Jasmin-Öle usw. beigefügt werden.

Die Produktion des schwarzen Tees geschieht auf Taiwan nach weltweit gängiger Art; Besonderheiten gibt es kaum, und so wird dieser Tee auch meist nur auf Standardbasis gehandelt. Noch während der 60er Jahre konnte man oft einen Taiwan-Tee aus der Frühjahr/Sommerernte herausschmecken – eine Qualität mit leichtem Darjeeling-Flavour und zartem schwarzen Blatt, manchmal versehen mit einigen goldenen Tips. Heute dagegen gibt es nur noch die groben, geschnittenen und einheitlichen Standards: Blatt-Tees mit einem großen, groben, schwarzen Blatt beziehungsweise mit einem kleineren, geschnittenen braunen Blatt; Broken Tees und Fannings Tees, beide hoch im Volumen und braun in der Blattstruktur. Wer kräftigere Tassenfarben erzielen will, bedient sich einer höheren Beimischung von Assam-Tees; bei Mischungen mit geringerer Anforderung an die Tasse werden in erster Linie chinesische Sorten verwendet.

Beinahe so bekannt wie die Oolong Tees sind die grünen Tees der Insel, Nr. 1 in der Exportbedeutung. Hervorzuheben in dieser Kategorie sind besonders die folgenden Erzeugnisse:

Sow Mee Tees (eine Pouchong-Untergruppe), von weichem Geschmack und sehr dünnem Abguß – Hauptabnehmerkreis in Japan und auf Taiwan selbst. Dann Chun-Mee- und Gunpowder-Ware, von der die größten Quantitäten nach Nordafrika und in den Mittleren Osten geliefert werden. Der Sencha-Tee, hauptsächlich für den japanischen Markt bestimmt und mit speziellen Maschinen produziert, die ausschließlich auf derartige langblättrige Grüntees zugeschnitten sind. Und dann ist da auch noch der Lung-Ching-Tee: er wird mit besonderer Geschicklichkeit und Erfahrung hergestellt und beeindruckt nicht nur durch die zarte, besondere Tasse, sondern auch durch die zauberhafte Entfaltung der einzelnen kleinen, sorgfältig ausgewählten Teeblätter in der Infusion. Eine echte Rarität in der heutigen maschinellen Teeproduktion.

Hier noch einige Fakten, mit denen die Ausmaße der Teeindustrie auf Taiwan verdeutlicht werden: Auf 26000 ha der Insel sind Teepflanzungen angelegt. Ca. 120 Teefabriken gibt es gegenwärtig; sie haben sich jedoch im Laufe der Jahre auf die eine oder andere Hauptsorte spezialisiert. Von einem zentralen Management wird die marktgerechte Produktion gesteuert. Besteht also weniger Bedarf für Chun Mee oder Gunpowder, wird die Herstellung von Sencha-Tee gesteigert oder aber man forciert gezielt eine höhere Schwarzteeproduktion.

Größte Abnehmer für Taiwan-Tee sind heute Japan, die USA und Marokko, die zusammen 70% des Teeexports übernehmen.

Haupterntezeiten in Taiwan

Generell läßt sich das Jahr in 6 Ernteperioden aufteilen:

Frühlingsernte: Anfang April bis etwa Mai. In dieser Zeit werden ca. 35% der Jahresproduktion erzielt. Hauptnutzen: Pouchong und Grüntee.

1. Sommer-Ernte: An die Frühlings-Ernte anschließend von der zweiten Maihälfte bis in den Juni. Anteil an der Gesamternte ca. 12%. Hauptsächlich für Schwarztee und Oolong.

2. Sommerernte: Anfang Juli bis Mitte August. Ca. 13% der Jahresproduktion und ebenfalls brauchbar für Schwarztee und Oolong.

1. Herbst-Ernte: Ende August bis weit in den September hinein. Das Ernteresultat macht ca. 20% der Gesamtproduktion aus. Verarbeitungsfähig für alle vier Hauptkategorien.

2. Herbst-Ernte: Anfang Oktober bis in den November. Diese Periode bringt 15% des Gesamtergebnisses und ist ebenfalls für alle Sorten verwendbar.

Winter-Ernte: Anfang November bis Anfang Dezember. Der Anteil am Gesamtvolumen beträgt knapp 5%, die vorzugsweise für schwarzen und grünen Tee verwendet werden.

Tee aus Papua-Neuguinea

Die Teepflanze wurde in den 50er Jahren aus Ceylon nach Papua-Neuguinea gebracht. Die Identität beider Inseln in geografischen Bedingungen und klimatischen Verhältnissen begünstigte den Anbau sehr. 1964 wurde dann die erste private Anpflanzung gegründet.

In der Anfangsphase waren die Plantagen auf orthodoxe Teeproduktion ausgerichtet. Aufgrund der geografischen Gegebenheiten wurde die Produktion jedoch schnell auf orthodox/Rotorvane und nunmehr vollständig auf CTC umgestellt.

Hauptabnehmer der ceylon-assamartigen Tees sind das nahe Australien und die USA; auch die Londoner Auktion steht auf der Abnehmerliste.

Haupterntezeiten in Papua-Neuguinea

In den Western Highlands, bei Höhen bis zu 2000 m, findet die Teepflanze Idealbedingungen vor, die ihr ein ganzjähriges Wachstum ermöglichen. Die qualitativen Höhepunkte der Tees liegen jedoch in den Monaten Juli/August.

Tee aus Kenia

Von den ersten Anpflanzungen weiß man aus den Jahren 1904 bis 1912; der Chronik zufolge wurden damals im Kericho-Distrikt Pflanzen der „China Hybride" gesetzt, die man von der Mt. Vernon-Plantage aus Ceylon importiert hatte. Den professionellen Teeanbau starteten dann in den 20er Jahren zwei überseeische Firmen in Zusammenarbeit mit den Einheimischen. Trotzdem dauerte es noch drei Jahrzehnte, bis am 7.11.1957 in Nairobi die erste Auktion stattfand.

Kenia legt seit jeher großen Wert auf den Privatanbau von Tee, insbesondere auf den der Kleinstbauern. Die Anbaugebiete liegen im Hochland und reichen teilweise bis an die Stadtgrenze der Hauptstadt Nairobi heran. Fast 100 Teegärten gibt es in den Hauptanbaugebieten; sie produzieren auf 97.000 ha etwa 203.000 Tonnen jährlich.

Teepflücker im Kericho-Distrikt in Kenia

Sehen wir uns jetzt die fünf Hauptanbaugebiete einmal ein bißchen näher an.

Kericho-Distrikt: Da liegt das größte zusammenhängende Anbaugebiet Kenias. Wer diese Region durchquert, hat eine ständig wechselnde Landschaft vor Augen, an der nur ein Bestandteil unverändert bleibt: die überall und immer präsenten Teebüsche.

Nandi-Distrikt: Er liegt nördlich vom Kericho-Distrikt und zieht sich – beinahe isoliert – rund um die Stadt Eldoret. Hier wurden bis vor wenigen Jahren die Hauptmengen der orthodoxen Tees hergestellt; im Zuge der Plantagen-Modernisierung und im Hinblick auf immer größer werdende Ernten wurde jedoch eine Umstellung auf CTC/LTP-Produktion vorgenommen.

Limuru- / Kiambu - Distrikt: Diese beiden kleinen Gebiete, die direkt an Nairobi grenzen bzw. nördlich davon liegen, liefern beste Qualität.

Nyeri-Distrikt: In dieser Region am Südhang des Mt. Kenya gibt es nur wenige Plantagen. Hier liegt auch die staatliche Plantage Ragati, die zu den größten Kenias zählt und wohin die Klein- und Kleinstbauern regelmäßig das geerntete grüne Blatt zur Weiterverarbeitung liefern.

Meru-Distrikt: Hier, am nordöstlichen Hang des Mt. Kenya, werden nach wie vor die qualitativ feinsten Tees erzeugt. Aus dieser Gegend stammen häufig in Deutschland angebotene Kenia-Qualitäten – ausgezeichnet durch ein sehr feines Flavour und den citrusartigen Geschmack in einer belebend frischen Tasse.

Kenia-Tee wird übrigens erst seit kurzer Zeit in Deutschland angeboten; wobei allerdings zu sagen ist, daß er oft ohne Namensnennung in Tee-Aufgußbeuteln auf den Markt kommt. Kenia-Ware ist wegen ihrer Frische bei Kennern sehr gefragt.

Haupterntezeiten in Kenia

Es kann ganzjährig geerntet werden, wobei sich die relativ gleichbleibenden

Die gepflückte Tagesration wird gewogen

Quantitäten jeweils nur durch die regional unterschiedlichen Regenfälle verändern. In punkto Menge sind die zwei Hauptregenperioden vorrangig, also die Zeiten Mitte Oktober bis Mitte Dezember und März bis Juni. Beste Qualitäten dagegen werden in der Trockenzeit von Ende Dezember bis März geerntet, teilweise auch im Juli und August.

Tee aus Mosambik

Sicherlich gehört Mosambik nicht zu den traditionellen Teeanbaugebieten wie beispielsweise Indien oder Ceylon. Allerdings liegen die Anfänge des landeseigenen Anbaus auch erst etwa 60 Jahre zurück: Nachdem um 1900 herum im benachbarten Malawi erfolgreich Tee angepflanzt worden war, lag natürlich der Gedanke nahe, auch in Mosambik derartige Versuche zu unternehmen. Was dann auch geschah, direkt an der Grenze im Mulanje-Distrikt.

Von hier aus, über den Gurue-Distrikt hinweg, hatte der Teeanbau seine Verbreitung. Heute sind bereits mehr als 20 Plantagen bekannt, die allerdings nicht – wie in Ceylon oder Indien – als eigenständig anzusehen sind, sondern doch eher als Gebiets-Kooperativen. Die Höhenlage dieser Gärten überschreitet kaum die 1000 m-Grenze, und dementsprechend niedrig ist auch der Qualitätsstandard der hauptsächlich erzeugten orthodoxen Tees bis Blattgrad BOP1, die also als beinahe schwarzer Broken einzustufen sind.

Die Hauptexporthäfen sind Maputo, Beira und Nacala. Große Mengen der Mosambik-Tees werden nach Südafrika verkauft oder zumindest über dieses Land auf den Exportweg gebracht.

Haupterntezeiten in Mosambik

Die Tee-Ernte beginnt im September/Oktober; sie hat ihren quantitativen Höhepunkt im Januar/Februar und wird zu Beginn der europäischen Sommerzeit eingestellt.

Tee aus Zimbabwe (Rhodesien)

Wo immer in den Tropen sich die Briten im letzten Jahrhundert niederließen, da wollten sie auf eines ganz gewiß nicht verzichten: auf ihren geliebten Tee. Also bauten sie ihn an – und Zimbabwe, das frühere Rhodesien, bildet keine Ausnahme.

Zwar ist der rhodesische Tee kaum bekannt; schon allein dadurch bedingt, daß Produkte des Landes jahrelang nicht auf den Weltmärkten vertrieben werden durften und darüberhinaus auch der landeseigene Verbrauch recht hoch ist.

Wer die rhodesischen CTC-Tees aber kennt, kann sich nur lobend über ihre bemerkenswert gute Qualität äußern; immerhin liegen die besten Gärten weit über 1000 m hoch. Hier hat also (im Gegensatz zu Mosambik) das Know-how der Engländer eine Qualität bewirkt, die teilweise der von Kenia-Tee ebenbürtig ist – wobei der Charakter doch eher an Assam-Tee erinnert.

Die Teegärten sind mittlerweile verstaatlicht worden. Im Jahr 1991 produzierte Zimbabwe 15.613 Tonnen Tee. Davon wurden ca. 75%, 11.500 Tonnen, exportiert.

Haupterntezeiten in Zimbabwe

Die Haupterntezeit ist von Dezember bis März, also in der dortigen Sommerzeit.

Tee aus Uganda

Uganda ist nicht gerade ein Landesname, der dazu einlädt, unbefangen und unbeteiligt über ein so geschmackvolles Thema wie Tee zu berichten. Hier trotzdem die wichtigsten Fakten:

Vor den Unruhen, also Ende der 60er/Anfang der 70er Jahre, hatte sich die Teeindustrie Ugandas so erheblich stabilisiert, daß die produzierte Ware eine ernstzunehmende Konkurrenz für Kenia darstellte. Mittlerweile aber ist die Produktionsmenge, die einmal bereits 18 Millionen kg betrug, von knapp 300.000 kg wieder auf 800.000 kg angestiegen.

Das Teeanbaugebiet Ugandas liegt hauptsächlich westlich des Viktoria-Sees, also in unmittelbarer Äquatornähe, und zieht sich am Fuße der Ruwenzori-Gebirgskette bis zur Grenze Zaires. Dieses Gebiet beinhaltet die Distrikte Menog, Toro, Mityana und Masaka sowie die an Zaire angrenzenden Distrikte Ankole und Kigezi und – nördlicher gelegen – Bunyoro. Hier also wurden nicht nur gute CTC-Tees hergestellt, sondern in qualitativen Hoch-Zeiten auch hervorragende orthodoxe Tees, die – wie gesagt – einen Vergleich mit den Erzeugnissen der kenianischen und tansanischen Nachbarn nicht zu scheuen brauchten.

Heute erhält Uganda EG-Beihilfen; sowohl die Produktions- als auch die Exportzahlen steigen allmählich an.

Haupterntezeiten in Uganda

Auch bei dieser Information muß leider die Vergangenheitsform benutzt werden: Haupterntezeiten, und zwar für bemerkenswerte Quantitäten, waren die Regenperioden September bis November und März bis Mai. Der qualitative Höhepunkt lag in der Trockenzeit Januar/Februar.

Tee aus Zaire, Ruanda, Burundi

Die um die Seen Edward und Kivu gelegenen Anbaugebiete Zaires und Ruandas erreichen die beachtliche Höhe von 2000 m – ein Niveau, das sich auch deutlich in der Qualität widerspiegelt. Produziert werden hier vorrangig CTC-Tees, doch in Zaire gibt es auch einige Gärten, die noch den traditionellen orthodoxen Tee herstellen.

Die Teeproduktion in Ruanda und Burundi wurde mit ausländischer Unterstützung, also auch mit deutscher Entwicklungshilfe, aufgebaut und in den letzten Jahren erheblich ausgeweitet. Erfreulicherweise ist man in diesen Ländern dazu übergegangen, eine bestimmte Qualitätsnorm nicht zu unterschreiten; mit berechtigtem Stolz kann also Ruanda darauf hinweisen, daß landeseigene Tees oft sogar höhere Preise erzielen als kenianische Ware. Beispielhafte Gründe für einen derartigen Erfolg sind die sehr zuverlässige Tassenqualität und die bewundernswert präzise Blattsortierung.

Alles in allem also ein recht positives Bild; ganz im Gegensatz zu Zaire, das mit großen Problemen leben muß. Die sogenannten Kiwu- und Bukabu-Tees werden meistens nur privat gehandelt, nur ein einziger Garten verkauft regelmäßig über die Mombasa-Auktion, und die erzielten Preise sind in der Regel relativ schlecht. Transport-

Eintragung der gepflückten Teemenge in das Kontrollbuch. Neben einem Grundlohn wird der Endlohn nach der gepflückten Menge errechnet.

möglichkeiten existieren so gut wie überhaupt nicht; nicht selten dauert es sechs Monate, um eine Teegartenproduktion zur Verladung nach Daressalam oder Mombasa zu bringen. Die durch Uganda führende Eisenbahnlinie nach Nairobi und Mombasa ist kaum benutzbar, die andere Verlademöglichkeit über Tansania von extremer Umständlichkeit. Eine weitere Schwierigkeit: eventuell notwendige Maschinenersatzteile können kaum über die Grenzen gebracht werden.

Trotz aller dieser Widrigkeiten haben sich die Pflanzer zusammengetan und in Bukavu eine Lager-/Vermarktungs-Zentrale gegründet, deren Tees bei zügigem Abverkauf durchaus als „good mediums" eingestuft und mit Malawi-Qualität verglichen werden können.

Haupterntezeiten in Zaire, Ruanda, Burundi

Quantitativer Höhepunkt ist die Regenzeit von September bis November und März bis Mai; der qualitative Höhepunkt liegt im Januar/Februar.

Tee aus Mauritius, Réunion, Madagaskar

Die der Ostküste Afrikas vorgelagerten Inseln produzieren CTC-Tees. Auf Mauritius liegt die Anbaufläche auf einem bis zu 700 m hohen Plateau; Ware mittelmäßiger Qualität wird außerdem in 8 Teegärten hergestellt, wobei allerdings knapp 35% auf Kleinplantagen (Kooperativen) angebaut und geerntet werden. Die Kleinbauern bringen das Blatt regelmäßig zu den großen Fabriken, wo dann die Schwarzteeproduktion erfolgt. Der Teeanbau auf Réunion ist klein und unbedeutend. Die während der Sommermonate erzeugten Tees wachsen in einer Höhe bis zu 1300 m und haben in der Hochsaison eine frische, belebende Qualität. Madagaskar ist quasi ein Neuling unter den teeproduzierenden Ländern. Doch immerhin wurden hier (nach anfänglichen Vermarktungsproblemen) Qualitäten hergestellt, die in punkto Tasse weitaus besser sind als die auf gleicher Höhe angebauten Malawi-Tees; sogar ein Vergleich mit vielen tansanischen Qualitäten ist sicherlich angebracht.

Haupterntezeiten auf Mauritius und Réunion

Mauritius: Haupterntezeit ist die Regenperiode während der Monate Januar, Februar, März; in der europäischen Sommerzeit ruht die Produktion nahezu vollständig.

Réunion: Hauptsächliche Ernte in der warmen Jahreszeit, also von November bis April. Zwischen Mai und Oktober kommt die Produktion zeitweilig zum Stillstand.

Tee aus Südafrika

Hier, im südlichsten Land des afrikanischen Kontinents, wächst der Tee in Höhenlagen bis 1600 m. Unter günstigen Klimaverhältnissen entsteht auf sieben, acht Teegärten eine orthodoxe Qualität, die in Spitzenzeiten große Ähnlichkeit mit den Tees Ceylons und Südindiens hat. Eine Parallele zum Hochland Ceylons läßt sich auch bei den klimatischen Bedingungen ziehen: hohe Sommertemperaturen mit kühlen Nächten, mäßiger Regenfall, auch gelegentliche Nachtfröste und zeitweise starker Wind.

Die Produktion der Teegärten in den Gebieten Transvaal, Natal, Zululand und Transkei ist fast ausschließlich für den Inlandskonsum bestimmt; diese Tatsache erklärt einleuchtend, warum die Tees Südafrikas international kaum bekannt sind.

In diesem Zusammenhang ist der Hinweis auf ein weiteres Produkt des Landes unerläßlich: Südafrika stellt aus Blättern und Blattrippen des Roiboshbaums ein teeähnliches Erzeugnis her. Dieser „Roiboshtee" schließt erstens Verwechslungen mit echtem Tee nicht aus, zweitens – so wird jedenfalls gemunkelt – gibt es bereits Tees auf dem Markt, denen das Roibosh-Produkt zugemischt worden ist.

Tee aus Kamerun

Für den Großteil aller Teeliebhaber ist Kamerun-Tee eine unbekannte Größe. Wer aber doch einmal Gelegenheit zu einer Kostprobe hat, wird von der Güte mehr als angenehm überrascht

Teefabrik

sein: Kamerun-Qualitäten gehören zu den wertvollsten des afrikanischen Kontinents; aus dieser Sicht darf das Land also keinesfalls als Teeproduzent ignoriert werden.

In zwei Teegärten, bis zu Höhen von 2400 m, wird seit 1954 angebaut. Regional stellt diese Produktion einen wichtigen Wirtschaftsfaktor dar, wird sie doch von den benachbarten Ländern aufgekauft. Ergebnis: Der Weltmarkt geht leer aus.

Tee aus Malawi

Neben Kenia ist Malawi wohl das produktiv zuverlässigste teeherstellende Land Afrikas. Hier ist die langfristige Gewähr für ein stabiles, kaum jemals unterschrittenes Qualitätsniveau gegeben, was natürlich speziell für Großpacker von großem Interesse ist.

Mit dem Tee-Know-How ausländischer Experten (wobei natürlich britisches Können besonders hervorzuheben ist) erfolgt der Anbau in Höhen bis zu 1400 m – und zwar in zwei Hauptdistrikten und einem kleinen Nebengebiet.

Die Hauptanbaugebiete in Malawi sind Thyolo und Mulanje im Süden des Landes. In Thyolo liegen die Plantagen an den Hängen des Shire-Hochlandes in Höhen zwischen 800–1200 m. In Mulanje liegen sie an den südwestlichen Hängen des Mount Mulanje in Höhen zwischen 800 und 1000 m. Tee wird auch angebaut im Nkhata By District, am Fuße der Vipya Mountains, am Nordwestufer des Malawi Sees.

Drei sehr bekannte Plantagen, nämlich Lujeri, Bloomfield und Chombe, machen CTC-Produktion, der Rest ist LTP-Produktion.

Die Ernte ist sehr stark von ausreichenden Regenfällen abhängig, üblicherweise liegt die beste Erntezeit zwischen Dezember und Juni. Im Juli/August und Oktober/November ist es meist sehr trocken, und daher kann in dieser Zeit nur sehr wenig Tee geerntet werden.

Die Qualität ist das ganze Jahr hindurch gleichbleibend. Es wird ein ansprechender, schwarzer, aromatischer Tee produziert, der sehr brauchbar ist, jedoch etwas geringer als Kenia-Tees.

Malawi-Tees sind bei Ernteanfang schwarz in der Blattstruktur und teilweise von feinem, ceylonartigem Flavour; später aber, in der Regenzeit, setzt die große Mengenproduktion ein. Vermarktet werden die Tees bei der Auktion in Limbe; die meisten Exporteure haben ihren Sitz in der Hauptstadt Blantyre.

Der Export betrug 1991 41.185 Tonnen. In Malawi ist Großbritannien nach wie vor der größte Käufer mit ca. 66%, gefolgt von Südafrika mit etwa 15%. Weitere bedeutende Abnehmerländer sind Pakistan und die Niederlande, aber auch die Bundesrepublik importiert Malawi-Tee – wenn auch in kleinrem Rahmen.

Die Verladung von Malawi-Tee erfolgte bisher über die Häfen Beira und Nakala in Mosambik. Neuerdings gewinnt jedoch der südafrikanische Hafen Durban zunehmend an Bedeutung, da er häufiger von Dampfern nach Europa bedient wird. Die Ware wird per Lkw in 3-4 Tagen von Malawi nach Durban gebracht.

International werden die Tees heute nur noch containerweise gehandelt – ein Modus, auf den sich die meisten Gärten bereits produktionsmäßig eingerichtet haben.

Haupterntezeiten in Malawi

Nach dem Ende des Winters, also im Oktober/November, beginnt die Produktion; in dieser Anfangsphase liegt auch der qualitative Höhepunkt. Die großen Quantitäten werden ab Dezember/Anfang Januar erzielt, also nach Einsatz der Regenzeit.

Musterhafte Tee-Tournee: Verkostung, Verpackung, Versand, Mischungen

Nach dem Sortieren wird der in einer bestimmten Erntezeit gewonnene Tee zu genau ausgewogenen Partien von einheitlicher Qualität und Blattgröße zusammengestellt.

Muster: Aus diesen Partien werden nun die ersten Muster gezogen (jeweils 1 kg) und zusammen mit der Rechnung an den Broker (Makler) der großen Auktions- und Hafenplätze geschickt, also zum Beispiel nach Colombo, Kalkutta oder Mombasa.

Der Broker wiederum entnimmt seinem 1-Kilo-Muster Proben von je 50 g und schickt diese zusammen mit dem Angebot an die Kunden in Europa.

Aber auch damit ist die „Musterleistung", die der Tee erbringen muß, beileibe noch nicht erschöpft. Denn schon beim Eintreffen der Teekisten im Hafen des Versandlandes werden von den einzelnen

Tee wird in gleichmässigen Mengen (Sixpence) zum Aufbrühen abgewogen.

Tee wird „gekostet" (geschmeckt).

Partien nochmals Muster gezogen, die anschließend – quasi als Vorboten der Verschiffung – an den Käufer gehen.

Und eine weitere Muster-Entnahme erfolgt bei Ankunft der Kisten in Europa. Für diesen Vorgang gibt es spezielle Werkzeuge; mit ihnen werden aus einer runden Kisten-Öffnung Teeproben geholt und danach werden die Kisten nach allen Regeln der Verpakkungskunst mit einem Blechdeckel wieder verschlossen.

Verkostung: Wenn – sowohl auf den Plantagen wie auch in den großen Teefirmen – die „Teataster" (englisch: Teekoster) ans Werk gehen, dann wird in der Tat die Hohe Schule der Tee-Feinschmekkerei zelebriert. Wobei der Begriff „Schmeckerei" nicht so wörtlich zu nehmen ist. Auch Nase und Auge entscheiden mit, wenn der Teataster die einzelnen Teemuster prüft und dabei feinste Unterschiede in Herkunft und Qualität verblüffend klar aufspürt.

Der Auftakt dieses sensiblen Examens besteht darin, daß der Muster-Tee auf einem weißen DIN A 4-Bogen ausgebreitet wird, damit das Blatt geprüft werden kann. Danach wird die feine Nase des Teatasters aktiv, denn am trockenen Tee sind schon wichtige Merkmale zu erschnuppern. Und dann das eigentliche Schmekken, das mit der Prüfung des Tees in der Tasse beginnt. In einheitlichen Gefäßen – dem Keramikbechern ähnlichen „Teataster's Pot" – wird der Tee aufgebrüht, wobei immer die gleiche Menge verwendet wird: 2,86 g. Zum Auswiegen benutzt der Teataster übrigens als traditionelles Eich-Gewicht eine Sixpence-Münze, in Deutschland heute auch schon ein Fünfpfennig-Stück. Wie auch immer: Entscheidend wichtig ist die Einheitlichkeit der Probierportion.

Nach genau 5 Minuten wird der aufgebrühte Tee in eine henkellose Tasse („Teataster's Cup") gegossen; das Teeblatt bleibt auf der Innenseite des Deckels, der nach oben gedreht auf den „Pot" gelegt wird, damit der Teataster das Blatt betrachten und beriechen kann. Man muß sich den formellen Aufbau der Prüfung also folgendermaßen vorstellen: Vorne die Tassen mit dem aufgebrühten Tee, dahinter die Gefäße mit dem ausgelaugten Teeblatt im Deckel und noch weiter im Hintergrund das trockene Teeblatt.

Wenn diese Formation vollendet ist, wird mit einem großen Löffel der Tee aus der Tasse entnommen, gekostet und – beileibe nicht als Mißachtung gedacht – ausgespuckt. Mit Geduld und, im wahrsten Sinne des Worts, auch Spucke läßt sich jetzt durch Vor- oder Zurückschieben der Tassen eine erste Vorauswahl treffen. Weitere Kriterien kommen hierbei ins Spiel: wie der Tee in der Tasse „steht", wie er Farbe annimmt, wie er zusammen mit Milch oder Sahne schmeckt – eine Vielzahl von Komponenten, die zu deuten geschulte, geschärfte Sinne verlangt.

Letztlich also harte Arbeit – aber Arbeit, die sich auszahlt: Durch fachmännisch-sorgfältiges Teekosten und geschicktes Zusammenstellen geeigneter gleichwertiger Tees ist es den großen Handelshäusern immer wieder möglich, Packungsware auf den Markt zu bringen, die gleichbleibend in Güte und Geschmack ist – unabhängig von spezifischen Klima- und Produktionseinflüssen in den Erzeugerländern.

Verpackung: Wenn der von der Sortiermaschine ausgesiebte Tee einer Partie in Kisten abgefüllt wird, stehen diese häufig auf Rüttlern, die den Tee sofort gut verteilen und damit die Einhaltung der vorgesehenen Abfüllmenge gewährleisten. Das Standardgewicht einer Kiste liegt heute bei ca. 40 kg bei Blatt-Tee, bis ca. 55 kg für Fannings; 20 Kisten dieser Größenordnung werden auf einheitliche Paletten verladen und anschließend auf dem Seeweg nach Europa gebracht. Handelsüblich sind selbstverständlich auch andere Kistengrößen; so kommen bei kleineren Teemengen oder bei Dust 25 Kisten der kleineren Norm auf eine Palette. Diese Paletten werden immer häufiger in die genormten Container verladen. Die Teekisten bestehen aus Sperrholz, sind innen mit einer Metallfolie ausgeschlagen und an den Kanten zusätzlich mit Metallstreifen abgedichtet. In China werden die Teekisten außerdem manchmal noch in Jute eingepackt – eine zwar übersorgsame, aber keinesfalls notwendige Maßnahme.

Auktion: Sofern nicht besondere Vereinbarungen mit dem Produzenten getroffen werden (z.B. Gartenkontrakte), wird der Tee über Auktionen gehandelt. Die Hersteller bieten ihre Produkte – nach Sortierungen getrennt und mit genauer Kistenangabe – einem zur Auktion zugelassenen Broker an; hier werden nun „Lots" (= Partien; eine bestimmte Produktionsmenge) zusammengestellt, in den Auktionskatalog aufgenommen und bei nächster Gelegenheit zur Versteigerung gegeben. Bei solchen Auktionen bieten die teeinteressierten Firmen, die größere Partien häufig auch untereinander aufteilen. Der Broker erhält für seine Arbeit im allgemeinen 1/2 % Provision.

Tee-Auktionen finden immer in den großen Hafenstädten statt, also beispielsweise in Kalkutta, Cochin, Colombo, Mombasa, Djakarta oder – um auch den großen europäischen Umschlagplatz zu nennen – in London.

Versand: Der Versand erfolgt meist per Schiff, nachdem die Tee-Fracht per LKW oder auf dem Wasserweg von den Plantagen zum Versandhafen befördert und hier palettiert worden ist. Überwiegend handelt es sich bei den Frachtstücken um Kisten; in einigen ärmeren Ländern mit geringeren Qualitäten wird Tee auch in Säcken verschifft (z.B. in Bangla Desh, Argentinien und Teilen Afrikas).

Da nicht alle Häfen in den Erzeugerländern an günstigen Schiffahrtsstraßen liegen, ist die Verfrachtungsdauer sehr unterschiedlich. So kann beispielsweise eine Ladung von Kalkutta nach Europa 12 Wochen unterwegs sein, während Fracht aus Colombo oder Mombasa nach Hamburg nur 4 Wochen dauert. Wobei Verzögerungen bei den Verschiffungen eher die Regel als die Ausnahme sind – häufig verursacht durch Streiks oder überfüllte Häfen.

Verglichen mit dieser oft langwierigen und umständlichen Versandart stellen kleine Partien des „first flush"-Darjeeling wahre Geschwindigkeitsrekorde auf: Sie werden heute auch schon per Luftfracht (als sogenannte „Flugtees") auf den Weg gebracht, da die Kunden an der absoluten Frische dieser Ersternte-Qualitäten interessiert sind und dafür auch erhöhte Frachtkosten in Kauf nehmen.

Haltbarkeit: Mag kostspielige Luftfracht auch ihre Vorteile haben und in speziellen Fällen genutzt werden, so kann doch eine Tatsache klar festgestellt werden: Verzögerungen durch lange Transportwege schaden der Teequalität nicht. Denn ordnungsgemäß verpackter und gelagerter Tee hat eine lange Haltbarkeitsdauer. Dabei versteht es sich von selbst, daß das feine Tee-Aroma peinlichste Sauberkeit und größte Sorgfalt bei der Lagerung verlangt: Tee gehört weder in die Nähe von stark riechenden Gewürzen noch in den Kühlschrank.

Ist Tee vorschriftsmäßig verpackt und gelagert, kann man von einer Haltbarkeit von mindestens 18 Monaten nach Verlassen der Fabrik ausgehen. Anders sieht es jedoch bei aromatisierten Tees (s. S. 91) aus. Hierbei kann sich der Tee durch die Aroma-Zusätze verändern – ein Prozeß, der sich beim Kontakt mit Sauerstoff (z.B. durch Öffnen eines Deckels) noch beschleunigt.

Deshalb ist es in diesem Fall nicht möglich, Angaben über die Haltbarkeit zu machen, zudem diese von Art und Menge der zugesetzten Stoffe und von der Verpackungsart abhängig ist.

Reine Qualitätssache: Tee-Mischungen.

In der Bundesrepublik Deutschland wie auch in allen anderen teekonsumierenden Ländern wird der aromatische Naturgenuß meistens in Mischungen vom Handel angeboten. Für diese Angebotsform gibt es drei wichtige Gründe:

1. Tee besitzt heute bereits weitgehend Markenartikel-Charakter. Aufgrund dieses Anspruchs erwartet deshalb der Konsument von seinem Produkt ein konstant gleichbleibendes Angebot in qualitativer und geschmacklicher Hinsicht. Da es aber in den Ursprungsländern durch Klimawechsel und unterschiedliche Pflückzeiten saisonale Qualitätsschwankungen gibt, müssen solche Differenzen

durch Mischungen verschiedener Sorten ausgeglichen werden.

Teemuster werden aus den Kisten der einzelnen Partien entnommen

Loch bohren Muster entnehmen

Kiste wieder verschließen

2. Auch die Tee-Einkaufspreise in den Anbauländern unterliegen markt- und saisonabhängigen Schwankungen; der Verbraucher jedoch erwartet den für einen längeren Zeitraum geltenden einheitlichen Preis. Auch diese Tatsache zwingt den Teehändler dazu, Differenzen im Preisgefüge durch Austausch entsprechender Mischungskomponenten zu korrigieren.

3. Die Qualität des zubereiteten Tees wird nicht unwesentlich von der Beschaffenheit des Wassers beeinflußt. Der Handel muß deshalb versuchen, die Tee-Qualität durch entsprechende Mischungen auch den jeweiligen Wasserverhältnissen anzupassen. Ein gutes Beispiel dafür ist Ostfriesland: Hier wird bei weichem Wasser starker Tee bevorzugt und aus Assam- und Sumatra- oder Java-Tee die sogenannte „Ostfriesenmischung" zusammengestellt.

Wie sieht nun die rechtliche Grundlage für derartige Handelsbemühungen aus, gleichbleibend gute Qualität zu langfristig stabilen Preisen durch Mischungen zu gewährleisten? Dies soll an Hand der unterschiedlichen Angebotsformen mit ihren speziellen Packungs-Kennzeichnungen erläutert werden. Da gibt es:

1.
A Packungen, die – oft unter klangvollen Namen – Teemischungen verschiedener Provenienzen enthalten; häufig mit dem Ziel, geschmacklich differenzierte Verbrauchergruppen klar anzusprechen: Englische Mischung, Russische Mischung, Holländische Mischung und natürlich auch die Ostfriesische Mischung, die allerdings nicht mit dem ausschließlich in Ostfriesland konsumierten Tee verwechselt werden darf. Vorschriften über Zusammenstellung und Qualität solcher Mischungen gibt es nicht; die Tees entsprechen aber immer den von Land zu Land unterschiedlichen Geschmacksvorstellungen (so ist Ceylon-Tee die Basis der englischen Mischung, Assam-Tee die Basis der Ostfriesischen Mischung).

B Mischungen mit Angabe der Herkunftsländer sollten, um den Anforderungen der gesetzlichen Kennzeichnungsregelungen zu genügen, mindestens 50% Tees aus dem angegebenen Herkunftsland enthalten. Dies gilt also für Benennungen wie beispielsweise Indische Mischung, Darjeeling-Mischung, Darjeeling/Ceylon-Mischung, Ceylon Broken-Mischung usw.

2. Packungen ohne das Wort „Mischung" in der Inhaltsbezeichnung: Dabei handelt es sich um ausschließlich aus dem angegebenen Herkunftsgebiet kommenden Tee – z.B. Assam-Herren-Tee, Ceylon-Orange-Pekoe, Darjeeling-Hochland-Tee, Java-Tee. Auch hierbei werden häufig Tees verschiedener Plantagen zusammengemischt, um ein qualitativ und geschmacklich ganzjährig stabiles Lieferangebot zu erzielen. Die Tees einer solchen Packung aber müssen nach der Verordnung des deutschen Lebensmittelrechts zu 100% aus dem angegebenen Anbaugebiet stammen.

3. Im Erzeugerland abgefüllte Packungen: Auch sie unterliegen selbstverständlich dem deutschen Lebensmittelrecht. Sie enthalten zu 100% Tees des Lieferlandes, dabei aber nicht unbedingt eine den hiesigen Geschmacksvorstellungen und Wasserverhältnissen entsprechende Mischung. Häufig kommt auch die Teeproduktion einer bestimmten Plantage nach und nach zur Abpackung, wodurch sich im Laufe eines Jahres zwangsläufig saisonbedingte Qualitätsschwankungen ergeben.

Ein weiteres Thema sind die „aromatisierten Tees"; dieser spezielle Komplex wird auf den nun folgenden Seiten separat behandelt.

Reine Geschmackssache: Aromatisierte Tees

Aromastoffe, Fruchtstückchen, Blüten, Blättchen, Trockenschalen, Gewürze wie Ingwer, Anis oder Vanille – dies sind die Zusätze, die aus Tees unterschiedlicher Herkunftsländer die aromatisierten Tees machen.

Während das klassische Teeland China bereits vor dem 18. Jahrhundert Kompositionen wie den Jasmintee servierte, gab es in unseren Breiten über Generationen hinweg nur den „Earl Grey" – eine nach dem britischen Premierminister Edward Grey, Earl of Fallodon benannte Rezeptur: Tee, dem das Öl der Bergamotte zugesetzt wird.

Inzwischen gibt es allein auf dem deutschen Markt rund 100 aromatisierte oder „gewürzte" Teesorten zu kaufen. Ein immens vielfältiges Angebot also, von dem aber nur 10 Sorten über 80% der Nachfrage abdecken, wie 1987 eine Untersuchung über aromatisierte Tees in Dosen zeigte:

Jasmintee

Sorte	Prozentanteil
Earl Grey	20%
Vanille	11%
Jasmin	5%
Orange	7%
Wildkirsche	11%
Schwarze Johannisbeere	7%
Mango	5%
Zitrone	5%
Apfel	3%
Sonstige	26%
	100%

Zugelassen zur Herstellung von aromatisierten Tees sind Aromen und Essenzen, die der deutschen Essenzenverordnung entsprechen; die Kennzeichnung ist durch die Lebensmittel-Kennzeichnungsverordnung geregelt. So darf beispielsweise ein mit Pfefferminzöl versetzter Tee nicht als Pfefferminztee bezeichnet werden, da dies zur Verwechslung mit dem Getränk aus reiner Pfefferminze führen könnte.

Verwendet werden sowohl natürliche als auch naturidentische Aromen; die Verwendung von künstlichen Aromen ist nicht zulässig.

Natürliche Aromen werden dann eingesetzt, wenn sie in Geruch und Geschmack einen spezifischen Charakter aufweisen und anteilmäßig begrenzt dem Tee beigefügt werden können, ohne dessen empfindliches Blatt zu verändern oder gar zu zerstören. Derartige blattliche Veränderungen und auch technische Probleme könnten auftreten, wenn die im allgemeinen übliche Dosis von nicht mehr als 3% Aromastoffen überschritten wird. Solche Begrenzungswerte berücksichtigen auch die Tatsache, daß Tee von Natur aus im trockenen Zustand immerhin noch 4–6% Feuchtigkeit enthält.

Natur-identische Aromen werden verwendet, wenn die aromagebenden Stoffe des natürlichen Aromas in ihrer Intensität zu schwach sind und deshalb nicht eingesetzt werden können.

Die eigentliche Komposition, die harmonische Abstimmung von Tee und Aroma, hängt in hohem Maße von den fachlichen Fähigkeiten und empfindsamen Sinnen des Teekosters ab. Dies beginnt mit der Auswahl der richtigen Teesorten, denn nicht jede Qualität ist für die Herstellung aromatisierter Tees geeignet. So sollte der ideale Basistee schon von sich aus das für die Mischung angestrebte charakteristische Teearoma (Flavour) besitzen. Dieser Basistee wird bei der Mischungsherstellung mit der gewünschten Aromasorte besprüht; der eigentliche Mischungsvorgang dauert je nach Beschaffenheit der Teesorten 5–10 Minuten. Danach wird der Tee in handelsübliche aromafeste Verpackungen abgefüllt; auch ein Angebot in Teebeuteln ist heute bereits möglich, nachdem für diese Verpackungsform ebenfalls eine zusätzliche aromafeste Verschweißung entwickelt wurde.

Nach einer gewissen Ablagerungszeit kommen die Aromatees auf den Markt. Über ihre Haltbarkeit liegen im Unterschied zu Originaltees noch keine Erfahrungswerte vor. Sicher ist aber, daß nach Öffnung einer Packung eine Aroma-Veränderung zumindest möglich ist.

Heiße Tips aus der Teeküche: Die perfekte Zubereitung

Denkt man an Deutschland und an Tee, dann läßt sich bis heute eine doch recht herbe Kritik nicht vermeiden: Denn während man es hierzulande bestens versteht, einen vorzüglichen und starken Kaffee zu bereiten, wird beim Tee noch immer erschreckend gesündigt.

Die Liste der Hauptfehler liest sich so:
1. Verwendung von billigem, minderwertigem Tee.
2. Falsche Dosierung, also zu kleine Menge pro Kanne.
3. Falsche Zubereitung.
4. Falsche Aufbewahrung.

Was bei einer solchen fehlerhaften und lieblosen Handhabung herauskommt, ist eine helle, geschmacklose, schwächlich-wäßrige Flüssigkeit, die nur noch sehr, sehr vage an Tee erinnert und jeden echten Kenner schaudern läßt.

Das ist, schon im ureigenen Interesse, jammerschade.

Denn Tee ist ein hochwertiges, äußerst delikates Genußmittel von anregender Wirkung und bester Verträglichkeit. Und die perfekte Zubereitung ist wahrlich kein Kunststück. Zu beachten sind einfach nur diese Grundregeln:

1. Guter Tee. Das dürfte nicht schwerfallen, denn Tee ist eines der preisgünstigsten Getränke. Aus einem Pfund Tee lassen sich 250 Tassen zubereiten, und eine Tasse aus 2 g Tee von guter Qualität kostet ganze 8 Pfennig.
Wichtig ist natürlich auch die richtige Aufbewahrung – am besten in einem gut verschließbaren, luftdichten Behälter (Dose, Glas usw.).

2. Richtige Menge. Und richtig heißt: 1 Teelöffel pro Tasse bzw. 1 Tee-Aufgußbeutel pro Glas oder Tasse. Diese Bemessung ist dann natürlich auch auf die jeweilige Kannengröße umzurechnen; für eine 6-Personen-Kanne gilt eine Menge von mindestens 5 Teelöffeln. Lieber ein bißchen mehr, denn hier sollte man sich großzügig an den Grundsatz halten: Weniger Wasser gibt besseren Tee!*

3. Das Wasser. Es sollte grundsätzlich sprudelnd kochend auf den Tee gegossen werden. Ist es sehr kalkhaltig, sollte man es drei Minuten kochen lassen; bei hohem Chlorgehalt bringt man das Teewasser am besten im Wasserkessel mit offenem Deckel zum Kochen, in diesem Fall empfehlen sich besonders die Assam-Tees.

4. Die Teekanne. Sie sollte am besten aus Steingut, Porzellan oder Glas sein, nach Möglichkeit nicht aus Metall. Teekannen sollten möglichst selten mit Spülmitteln gereinigt werden, da diese fast immer einen störenden Nachgeschmack hinterlassen (die Patina in der Kanne zeigt den echten Teekenner). Von der Benutzung eines Tee-Eis ist dringend abzuraten, weil es dem Tee keinen Entfaltungsspielraum bietet. Empfehlenswert bei losem Tee sind Teesiebe, sehr praktisch sind Tee-Aufgußbeutel, die – jederzeit herausnehmbar – keine Teereste beim Abgießen hinterlassen. Wichtig ist, daß die Teekanne gut mit kochendem Wasser vorgewärmt wird.

5. Die Zieh-Dauer. Sie sollte 4 Minuten betragen, niemals länger als 5 Minuten. Man muß bedenken, daß sich das im Tee befindliche Coffein

(Tein) in den ersten 3–4 Minuten fast vollständig löst; anschließend wirken sich nur noch die Gerbstoffe aus (s. S. 102).

Nach dieser 4-Minuten-Ziehdauer Tee abgießen oder Sieb herausnehmen; Aufgußbeutel vor dem Herausnehmen noch einmal im Tee bewegen.

Wer diese Regeln der Zubereitung befolgt, wobei natürlich Punkt 1 = guter, frischer Tee die Basis bildet, dem ist echter, delikater Genuß garantiert. Und wie sich die internationalen Teeliebhaber diesen Genuß zu Gemüte führen, wollen wir uns jetzt einmal ansehen.

*Man muß dabei berücksichtigen, daß kleinblättriger Tee ergiebiger ist als Blatt-Tee.

Andere Länder, andere Sitten: Tee-Genuß international

Der gute, starke Tee dampft einladend in der Tasse, und dem Behagen des passionierten Teetrinkers sind keine Grenzen gesetzt. Im wahrsten Sinne des Worts grenzenlos sind aber auch die internationalen Gepflogenheiten, diesen aromatischen Genuß noch individuell zu erhöhen.

Milch, Sahne, Zitrone, Zucker? Allein das Thema Zucker wäre ein Kapitel für sich, denn Tee und Zucker sind unbestritten füreinander geschaffen, verlangt doch das feine Aroma des Tees auch eine feine Süße ohne jeden störenden Beigeschmack. Diese geschmackliche Reinheit wird von den handelsüblichen Zuckerarten, also Weißzucker, weißem Kandis und Raffinade, überzeugend geboten. Und beim Süßen mit braunem Kandis oder Kandisfarin kommt überdies noch das zarte Karamelaroma hinzu, das so gut mit dem Aroma des Tees harmoniert. Zucker – auch dabei kommt es natürlich auf die richtige Dosierung an: Am genußbringendsten sind kleine Mengen, die noch nicht deutlich als süß empfunden werden, die aber das Aroma des Tees vorzüglich abrunden und geschmackliche Feinheiten noch ausgeprägter machen.

Zurück in die Welt des Tees mit allen ihren von Land zu Land unterschiedlichen Konsumgewohnheiten. Da ist der Ostfriese, der seinen auf Assam basierenden, kräftigen Teeaufguß mit weißem Kandis („Kluntje") und Sahne liebt. Oder die sprichwörtlichen Tee-Großverbraucher Europas, die Engländer: Jeder Engländer, so wurde 1983 in einer Studie festgestellt, trinkt pro Tag durchschnittlich fünf bis sechs Tassen Tee; dabei wird die Tasse zu einem Fünftel mit nicht zu kalter Milch gefüllt, erst dann wird heißer Tee zugegossen und gesüßt. Die Schotten mögen es ein bißchen kräftiger: Gar nicht geizig ein Gläschen Whisky in die

Ostfriesin in Tracht beim Teetrinken

Tasse, etwas Zucker dazu, mit starkem heißen Tee aufgegossen und obendrauf Sahne. Das ist eine Richtung, wie sie auch von den Holländern favorisiert wird, wenn sie sehr starken, dunklen Tee mit dickem süßem Rahm und einem alkoholischen Schuß (Arrak) abrunden. Schon ein bißchen ungewöhnlicher mutet die russische Art an: Hier wird der Tee-Extrakt (viel Tee mit wenig Wasser) in die Tasse gegeben und mit heißem Wasser aus dem Samowar aufgefüllt – und diesem Getränk werden dann häufig kandierte Früchte oder Konfitüre zugefügt. Gänzlich befremdlich für europäische Zungen wirkt beispielsweise die Machart Indiens – Tee mit Pfeffer und Milch, und wer außergewöhnlichen Mut zu exotischen Rezepturen beweisen will, sollte einmal eine Kostprobe in Tibet wagen: Tee mit dem Zusatz von ranziger Butter ist da durchaus üblich.

Die weltweite Tee-Tour wäre ohne einen Abstecher in die klassischen Teeländer Asiens unvollständig. Hier brüht man den grünen Tee kurz auf, gießt den ersten Aufguß wieder ab, überbrüht mit frisch gekochtem Wasser neu und läßt diesen zweiten Aufguß 4 Minuten ziehen. In Japan unterscheidet man zwei Zubereitungsprozeduren. Einmal den „gekochten Tee", bei dem aus grobem Blatt und Dust gepreßte Platten (Ziegeltee) vor dem Feuer geröstet und zwischen zwei Papierbogen gepulvert werden, und zweitens den „geschlagenen Tee", wobei grünes Teepulver mit dem Teebesen in kochendem Wasser geschlagen wird.

Nun noch zu einer Serviermöglichkeit, die – besonders in den USA – von vielen ebenfalls heiß geliebt wird: Eistee.

Der Grund, warum dieses erfrischende Getränk überhaupt erwähnt wird, ist, daß es sehr häufig mit einfach nur kaltem Tee verwechselt wird: Und dieser hat, das ist ein ganz natürlicher Vorgang, die Eigenschaft, daß sich nach Abkühlung die Farbe sehr verdunkelt und die Oberfläche einen dünnen Ölfilm aufweist.

Im Unterschied dazu wird beim Eistee das Prinzip der modernen Tiefkühlung genutzt: Durch schockartiges Abkühlen werden das ganze

Aroma und vor allem auch die Wirkstoffe des Tees erhalten. Hier ist das Rezept für den Eistee:

Gläser mindestens zu zwei Dritteln mit Eiswürfeln füllen, darüber den kochendheißen Tee gießen (die Gläser bleiben garantiert heil). Es versteht sich, daß der Tee zumindest doppelt stark aufgegossen sein muß, da er ja vom schmelzenden Eis verdünnt wird. Also: 2 Teelöffel pro Tasse oder 2 Beutel pro Glas.

Es dauert wirklich nur ein paar Sekunden, bis der Eistee mit voll bewahrtem Aroma fertig ist – je nach Gusto dann mit Zucker und Zitrone oder gemixt mit Gin, Cognac, Campari, was immer das Genießerherz begehrt.

Der Eistee ist ein weiterer Beweis dafür, daß Tee keine laue halbe Sache ist: Er schmeckt eben nur ganz heiß oder eiskalt ... und es gibt noch vielerlei Gründe, die ihn wärmstens empfehlen.

Bei der Eisteezubereitung ist es wichtig, genügend Eiswürfel zu nehmen und den Tee doppelt stark zu machen.

Dem Tee auf den Grund gegangen: Wirkstoffe und Wirkung

Wer sich gründlich mit dem nach Wasser preiswertesten und verbreitetsten Getränk der Welt auseinandersetzt, will natürlich auch wissen, wie es sich zusammensetzt. Salopp gefragt: Was hat man eigentlich alles im Tee? Nun, dies: Tee enthält 1,5–4% Coffein (Tein), 8–20% Tannin (Gerbstoffe), 10% Cellulose, ferner Theophyllin, Theobromin, Spurenmineralien wie u. a. Fluorid, Adenin, Glutathion, ätherische Öle, eine Reihe von Vitaminen (Nikotinsäure, Riboflavin, Ascorbinsäure, Thiamin und Panthotensäure) sowie Aminosäuren (Aspartinsäure, Arginin, Theanin, Asparagin, Glutaminsäure, Glykokoll, Valin, Leucin, Threonin und Alanin). Viele dieser Substanzen sind natürlich nur in Spuren vorhanden; die wesentlichen Wirkungen beim Teegenuß ergeben sich aus dem Coffein und den Gerbstoffen.

Zunächst eine Begriffs-Klarstellung: Schon vor längerer Zeit hat man herausgefunden, daß das Tein im Tee die gleiche chemische Formel besitzt wie das Coffein im Kaffee; deshalb ist es zur Gewohnheit geworden, auch beim Tee von Coffein zu sprechen. Diesem Coffein nun, von dem aber nur zwei Drittel im Getränk gelöst werden, verdankt der Tee seine belebende Wirkung, wobei es bei haushaltsüblicher Zubereitung keine aufputschende Wirkung hat: „Tee regt an, aber nicht auf". Denn beim Tee wirkt das Coffein nicht über das Herz auf den Kreislauf, sondern durch Vermehrung der Gehirndurchblutung und Erhöhung des Gehirnstoffwechsels direkt auf Gehirn und Zentralnervensystem. So erklärt sich die nach Genuß einer Tasse Tee nachweisbar gesteigerte Konzentrations- und Reaktionsfähigkeit – physiologische Wirkungen, die im einzelnen so beschrieben werden:

1. erhöhte geistige Beweglichkeit
2. Munterkeit und lebhafte Anteilnahme
3. schärfere und bewußtere Differenzierung der Empfindungen
4. gesteigerte Assoziationsfähigkeit
5. besseres Urteilsvermögen und dadurch überlegteres Agieren

Zweiter wichtiger Bestandteil sind die Gerbstoffe, deren deutlich beruhigender und stabilisierender Wirkung der Tee seinen Ruf als Heilmittel bei allen Magen- und Darmerkrankungen verdankt. Tee – mit seiner guten Verträglichkeit – ist heute in allen modernen Diätprogrammen zu finden.

Wichtig ist die Veränderung der pharmakologischen Wirkung des Tees durch die Zieh-Dauer: Drei Minuten, nachdem kochendes Wasser auf den Tee gegossen wurde, ist der größte Teil des Coffeins ausgezogen, und das Verhältnis Coffein : Tannin hat seinen höchsten und günstigsten Wert. Eine längere Zieh-Dauer ergibt immer mehr Tannin zuungunsten des Coffeins; werden fünf Minuten überschritten, überwiegen die ausgezogenen Gerbstoffe dermaßen, daß auch der Geschmack erheblich beeinträchtigt wird.

Die Gerbstoffe bremsen

und steuern die Wirkung des Coffeins, so daß dieses vom Körper nur allmählich aufgenommen wird. Dadurch setzt – verglichen mit Kaffee – die belebende Wirkung des Tees langsamer ein, hält aber auch länger an und klingt genauso langsam wieder ab – sie schlägt aber nie ins Gegenteil um; zu Ermüdungserscheinungen nach Teegenuß kommt es also nicht.

Bisher wurden 26 verschiedene phenolische Substanzen (flüchtige, im Teeblatt enthaltene Stoffe) gefunden; sie geben dem Tee seine spezielle Farbe, seinen Geruch und sein Aroma.

Außer den beiden Hauptbestandteilen Coffein und Tannin enthält der Tee noch interessante Vitamine und andere Elemente, die – obwohl vom Menschen nur in sehr geringen Mengen benötigt – doch sehr wichtig für den Organismus sind. Ihre wahre Bedeutung wurde von der Forschung erst in jüngster Zeit erkannt, und man entdeckt immer wieder neue Eigenschaften.

1. Tee enthält <u>ätherische Öle,</u> die ebenfalls seinen charakteristischen Geruch und sein spezifisches Aroma beeinflussen. Bisher wurden über 400 verschiedene (flüchtige) Aromastoffe im Tee gefunden.

2. Grüner Tee enthält das wasserlösliche <u>Vitamin B 1</u> <u>oder Thiamin,</u> bisher als „Wachstumsvitamin" und bei der Bekämpfung der Beri-Beri-Krankheit bekannt. Erst neueste Forschungsergebnisse haben gezeigt, daß das Vitamin B 1 für den geistig arbeitenden Menschen unentbehrlich ist, da es dem Streß entgegenwirkt. Dieser Effekt wird sehr plastisch mit dem geflügelten Wort „Abwarten und Tee trinken" ausgedrückt. Gerade das im Tee enthaltene Vitamin B 1 wird sehr schnell vom Körper aufgenommen.

3. Tee enthält <u>Fluorid</u>, ein lebenswichtiges Spurenelement, das vor allem auch in der Kariesprophylaxe eine bedeutende Rolle spielt, da es den Zahnschmelz widerstandsfähiger macht. Nach umfangreichen klinischen Versuchsreihen kann jetzt – so lautet das Ergebnis der Deutschen Gesellschaft für Zahnerhaltungskunde – von einer ka-

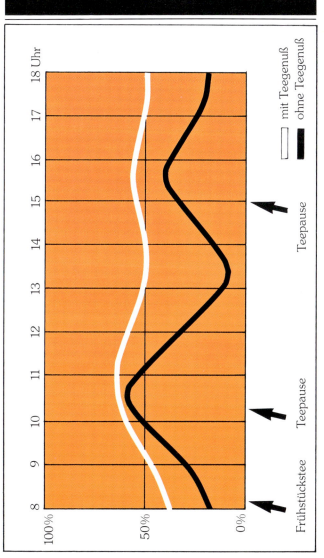

rieshemmenden Wirksamkeit des im Tee enthaltenen Fluorids ausgegangen werden. Diese Wirksamkeit wird von drei Faktoren entscheidend beeinflußt:

1. Provenienz des Tees.

2. Zieh-Dauer – hier kann man davon ausgehen, daß bei einer Dauer von 5 Minuten etwa 90% der Fluoride herausgelöst werden.

3. Täglich getrunkene Teemenge: In der Zahnheilkunde gilt eine tägliche Zufuhr von 1 ppm Fluorid = 1 mg/Liter als Idealwert – dieser Tagesbedarf ist mit 1 Liter Tee (5–6 Tassen à 2 g Tee) abzudecken.

4. Tee enthält Theanin, eine Substanz aus der Reihe der Aminosäuren (L-Glutaminsäure-Aethylamid). In Versuchen wurde nachgewiesen, daß dieser Stoff die anregende Wirkung des Coffeins gleichsam abfängt – was einer zusätzlichen Wirkung zu dem beschriebenen Zusammenspiel Coffein: Tannin gleichkommt. Das Theanin wird erst bei längerem Ziehenlassen des Tees vollständig herausgelöst; auch dies erklärt, warum Tee, der nur kurz gezogen hat, eher anregend wirkt.

5. Tee enthält Theophyllin, eine Spurensubstanz, die das zentrale Nervensystem in einer für das Herz wohltuenden Weise anregt und eine günstige Wirkung auf die Blutgefäße hat. Dieser Effekt wurde durch eine vom Trinity-College in Dublin und von der Harvard-Universität in Boston gemeinsam durchgeführte ernährungswissenschaftliche Langzeit-Studie in geradezu sensationeller Weise bestätigt.

6. Tee enthält Mangan, ein Spurenmineral, das den Blutzuckerspiegel senkt und in den Teeblättern so reichlich enthalten ist, daß der Tagesbedarf von 2–3 mg durch 1 Liter gut gebrühten Tee mindestens zur Hälfte gedeckt werden kann.

Während die normale Hochleistungsphase in den Vormittagsstunden zwischen 9.30 und 11.30 Uhr liegt und dann um 13 Uhr steil abfällt, liegt die Leistung eines Menschen, der frühmorgens, dann um 11.30 Uhr und dann nochmal um 15 Uhr eine Teepause macht, fast gleichmäßig um oder über 50% – jedenfalls immer deutlich über der Leistung eines Menschen ohne Teegenuß.

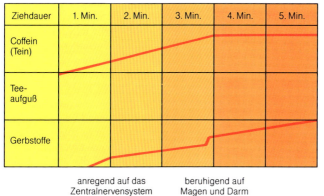

Wirkung der Hauptbestandteile des Tees

Tee wirkt so wie man es wünscht:

Wie überall gibt es auch beim Tee Menschen, die auf bestimmte Wirkstoffe besonders empfindlich reagieren. Das heißt einmal, daß das Coffein im Tee sie „hellwach" bleiben läßt, oder daß andererseits die Gerbstoffe so beruhigend auf die Magen- und Darmschleimhäute wirken, daß es zu Verstopfungserscheinungen führen kann.

Umso interessanter ist es darum zu wissen, daß der Coffein- bzw. Gerbstoffanteil beim Aufgießen des Tees je nach Wunsch oder Bedarf selbst gesteuert werden kann. Während man früher von der Annahme ausging, daß Gerbstoffe später in Lösung gehen als Coffein und daß deshalb kurz gezogener Tee eher anregend, lang gezogener Tee eher beruhigend und verdauungshemmend wirkt, ist die heute feststehende Sachlage so: Coffein und Gerbstoffe lösen sich in etwa gleich schnell, erreichen jedoch nach ca. 3 bis 5 Minuten ein Maximum. Bei längerem Ziehen steigen die Extraktstoffe an, dazu im gleichen Verhältnis die Gerbstoffe und deren Oxydationsprodukte. Da das Coffein bereits vollständig herausgelöst wurde, verschiebt sich das Verhältnis Coffein : Gerbstoffe. Aus dem anregenden „Aufwachtee" ist ein „Beruhigungstee" geworden, der durch den Einfluß der Theaflavine und Thearubigene auch verdauungshemmend wirkt.

Nach dieser theoretischen Funktionserklärung nun praktische Ratschläge für den individuellen Wunsch-Tee:

+ <u>Anregende Wirkung</u>: Etwas mehr Tee nehmen und Zieh-Dauer auf 3 Minuten begrenzen.

+ <u>Beruhigende Wirkung</u>: Etwas weniger Tee nehmen und Zieh-Dauer bis maximal 5 Minuten verlängern.

Diese Angaben über die jeweilige Zieh-Dauer gelten allerdings nicht für Aufgußbeutel, da bei den darin enthaltenen kleinen Blattgraden in kürzester Zeit auch hohe Anteile an Gerbstoffen in Lösung gebracht werden.

Hier nun noch ein süßer Hinweis, der nicht nur den Geschmack betrifft: Wer „seinen" Tee als zu herb empfindet und

dies mit Zucker oder Kandis ausgleicht, der tut sich nicht nur in geschmacklicher Hinsicht etwas Gutes. Stoffwechselexperten haben herausgefunden, daß durch die Kombination aus Coffein-Wirkung und gleichzeitiger Zuckerzufuhr das Zentralnervensystem besonders gut mit Energie in Form von Blutzucker versorgt wird. Eine gute Tasse Tee mit Zucker oder Kandis wirkt oft Wunder und macht herrlich munter, und so ist es eigentlich die natürlichste Sache der Welt, daß die Engländer ihren Tag grundsätzlich noch im Bett mit dem „Morning Tea" beginnen – der ersten von vielen „Tassen Tee", die im weiteren Tagesverlauf folgen werden. Aus diesem nachahmenswerten Beispiel läßt sich, ganz allgemein gesprochen, dann doch nur diese Schlußfolgerung ziehen:

Wer mit Tee beginnt, der bleibt dabei ... und die Welt schaut plötzlich viel freundlicher aus.

Wenn dieses Büchlein nicht nur Ihren elementaren Wissensdurst zu stillen weiß, sondern auch die vielen feinen Seiten des Tees überzeugend genug aufblättert, um Ihr Interesse für das erlesene Labsal zu wecken oder zu vertiefen, dann kann das einladend-auffordernde Schlußwort eigentlich nur heißen: „Nicht abwarten – gleich Tee trinken".

Statistisches

Tee-Preis und -Menge:

je Tasse 1 Teelöffel Tee = 2 Gramm
je 1 Liter Tee = 10 Tassen = 20 Gramm
je 500 Gramm Tee = 250 Tassen à 2 Gramm

Bei einem Verkaufspreis von DM 20,– je 500 Gramm
Tee kostet eine Tasse Tee à 2 Gramm = 8 Pfennig

Je Glas rechnet man einen Tee-Aufgußbeutel
à 1,5 Gramm (Im Beutel ist feinerer Tee enthalten, der
sich besser löst)

Im Vergleich:

500 Gramm Tee ergeben 250 Tassen Tee
500 Gramm Kaffee ergeben 80 Tassen Kaffee

Welt-Teeproduktion/Tee-Exporte*

Tee-Produktion in 1000 Tonnen

	1985	1986	1987	1988	1989	1990	1991
Indien	656,2	620,8	665,3	700,0	688,1	714,7	741,7
Sri Lanka	215,3	212,7	214,6	228,2	207,9	234,0	241,6
Indonesien	132,3	129,5	127,0	133,8	141,4	145,4	133,4
China	432,3	460,4	508,0	545,4	534,9	540,1	520,0
Afrika	273,0	261,4	265,8	281,3	302,0	320,6	331,9

Weitere Teeproduktionsländer sind u.a. Malaysia, Taiwan, Japan, GUS, Türkei, Iran und Südamerika.
Die Gesamt-Welt-Teeproduktion stieg von 1,8 Mio Tonnen im Jahr 1980 auf über 2,5 Mio Tonnen im Jahr 1991.

*Quelle: Annual Bulletin of Statistics 1991, International Tea Committee, London.

Tee-Exporte in 1000 Tonnen

	1985	1986	1987	1988	1989	1990	1991
Indien	214,0	203,1	201,8	200,9	211,6	209,0	202,9
Sri Lanka	197,5	207,6	200,8	219,7	203,8	215,3	210,8
Indonesien	90,1	78,9	90,4	92,4	114,7	111,0	110,0
China	136,8	172,0	174,3	198,3	204,6	195,5	184,9
Afrika	211,1	206,3	213,6	223,2	253,9	265,2	274,6

Prozentanteil der bedeutendsten Herstellungsländer an der Welt-Teeproduktion*

	1985	1986	1987	1988	1989	1990	1991
Indien	28,7	27,2	28,4	28,4	28,1	28,6	29,2
Sri Lanka	9,4	9,3	9,1	9,2	8,5	9,3	9,5
Indonesien	5,7	5,7	5,4	5,2	5,8	5,8	5,3
China	18,9	20,2	21,7	22,0	22,0	21,5	21,4
Afrika	11,9	11,4	11,3	11,4	12,4	12,8	13,1
Türkei	6,0	6,3	6,0	6,2	5,6	5,2	5,5
UdSSR/GUS	6,6	6,4	5,1	4,8	4,5	4,4	3,9

*Quelle: International Bulletin of Statistics 1992, International Tea Committee, London.

Prozentanteil der führenden Produktionsländer am Weltexport*

	1985	1986	1987	1988	1989	1990	1991
Indien	22,4	20,9	20,9	19,4	18,9	18,5	18,8
Sri Lanka	20,7	21,3	20,6	21,2	18,2	19,0	19,5
China	14,4	17,7	17,9	19,1	18,3	17,3	17,1
Afrika	22,1	21,2	21,9	21,5	22,6	23,4	25,5
Indonesien	9,5	8,1	9,3	8,9	10,2	9,8	10,2
Südamerika	4,2	4,8	4,4	4,2	4,7	4,8	4,2

*Quelle: Annual Bulletin of Statistics 1992, International Tea Committee, London.

Tee-Importe in die Bundesrepublik Deutschland 1978-1991*

	Indien	Sri Lanka	China	Indonesien	Insg.
1978	4.845	2.527	1.044	1.228	12.728
1979	5.824	3.736	1.606	1.207	15.289
1980	5.582	3.632	2.380	1.176	16.256
1981	5.965	3.957	2.300	1.140	17.151
1982	5.705	4.308	2.237	1.068	17.603
1983	5.387	2.746	2.494	1.322	16.422
1984	6.179	3.057	3.555	1.611	19.825
1985	5.434	2.525	4.114	1.454	19.513
1986	5.409	3.084	2.975	1.892	19.186
1987	5.367	3.801	2.323	2.137	19.487
1988	5.833	3.080	1.892	1.561	18.895
1989	5.243	3.473	1.976	1.459	20.738
1990	6.319	3.044	2.581	1.454	22.689
1991	6.694	3.921	2.708	1.886	24.877

*Quelle: Annual Bulletin of Statistics 1992, International Tea Committee, London.

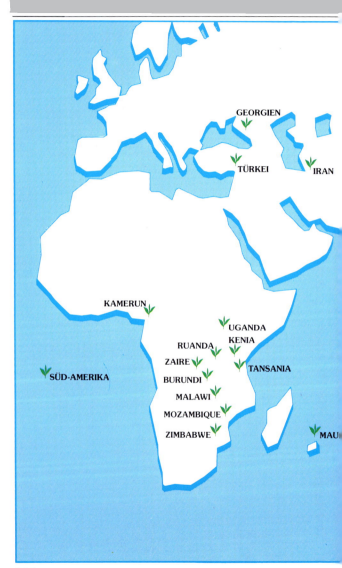

Die Hauptanbaugebiete des Tees

Jahres-Pro-Kopf-Verbrauch von schwarzem Tee

in verschiedenen Ländern,
Dreijahresdurchschnitt 1988-1990, in Gramm

Irland	3.090
England	2.740
UdSSR (heute GUS)	1.040
Polen	780
Holland	660
Dänemark	400
USA	340
Schweden	320
Schweiz	230
Deutschland (BRD)	230
Norwegen	200
Finnland	170
Frankreich	190
Österreich	160
Tschechoslowakei	160
ehem. DDR	150
Belgien & Luxemburg	140
Italien	70

Die stärksten Teetrinker außerhalb Europas:

Türkei	2.240
Qatar	2.170
Irak	2.140
Hong Kong	1.820
Kuwait	1.620
Neuseeland	1.580
Tunesien	1.470

Quelle: Annual Bulletin of Statistics 1992,
International Tea Committee, London.

Anbaugebiete 34, 54 ff
Aromatisierte Tees 91 ff
Aromen 93
Assam 35, 57
Assam-Hybride 14
Auktionen 86
Autumnals 56

Ballbreaker 21, 67
Bestimmung 9
Blattgrade 30 ff
Blattgröße 30, 34
Blattkorn 34
Blatt-Tee 38 f
Blendings 57
Broken 30, 39 ff
Broker 82
Burundi 76 f

Ceylon 54, 58–60
China 51, 54, 63 ff
China-Hybride 71
Chun Mee Tee 51, 64
Coffein 102
Crushing 26
CTC 26
CTC-Produktion 18, 26 ff, 44 ff, 49
Curling 26
Curly Tea 39

Dämpfen 52
Darjeeling 35, 55 ff
Dhool 21 f
Dimbula 37, 59
Dooars 57
Dust 33, 43 f, 46 f, 48

Einwurf 39
Eistee 100
Essenzenverordnung 93

Fannings 32, 42, 46, 48
Fermentation 23

Fibre, fibry 43
First flush 56, 86
Flavour 59
Flowery 32
Formosa 65 ff

Gerbstoffe 102, 103 f
Gekochter Tee 100
Geschlagener Tee 100
Golden 32
Good medium 77
Grüner Tee 51 ff
Gunpowder 52, 64, 69

Haltbarkeit 87
Hyson 52

Indien 54, 55–58
Indonesien 54, 60 ff
Japan 51, 65, 100
Java 60 ff

Kamelienklima 12
Kamerun 79
Kandis 98
Kenia 54, 71–73
Kericho 72
Klima 12

Leistungsrhythmus 106 f
Limuru 72
Lichee 64
Lot 86
Low grown 60
LTP-Produktion 18, 28, 47 f

Madagaskar 78
Malawi 80 f
Medium Teas 60
Menge 96
Meru 72
Mischungen 87 ff
Mosambik 55, 73

Monsunperioden 60
Muster 82f

Nandi 72
Neuguinea 55, 70
Nilgiri 35, 57
Nursery 15
Nuwara Eliya 37, 55, 59, 60
Nyeri 72

Off Grade 43f
Oolong Tee 53, 64, 67
Orange 32
Oranje 32
Orthodoxe Teeproduktion 18, 19–26, 37–44, 49

Packungskennzeichnung 89
Paletten 85
Partie 82, 86
Pekoe 32
Pouchong Tee 68

Qualität 88
Qualitätsschwankungen 66

Rechtslage 9ff
Réunion 78
Roibosh 79
Rollen 20
Rotorvane Maschine 20, 49
Ruanda 55, 76f

Second Flush 56
Sencha Tee 51, 69
Sieben 26
Sortieren 26, 30f
Sow Mee Tee 52, 69
Souchong 32
Südafrika 55, 78
Sumatra 55, 60ff
Sri Lanka 58
Stalk 43

Statistiken 111–118
Steamen 52
Stecklinge 15
Stutzen 16

Taiwan 65–70
Tasse 55
Tearing 26
Teataster 84
Teataster's Cup 84
Teataster's Pot 84
Tee 10
Teekanne 96
Teeproduktion 18–28
Teesorten 34ff
Teestrauch 12
Teezubereitung 95ff
Thea assamica 14
Thea sinensis 14
Tip, tippy 32
Travancore 35
Trockene Java Tees 63
Trocknen 25

Uganda 75
Ursprungsländer 54–81
Uva 37, 59

Verkosten 84
Vermehrung 15
Verpacken 85
Versand 86

Wachstumsbedingungen 12
Wasser 96
Welken 19
Wirkung 102ff
Wirkstoffe 102ff

Zaire 55, 76f
Ziehdauer 96, 103
Zimbabwe 55, 74
Zucker 98